Was ist falsch im Maya-Land?

Erich von Däniken,

geboren am 14. April 1935 in Zofingen/Schweiz, landete 1968 mit seinem Titel *Erinnerungen an die Zukunft* einen Weltbestseller, dem 34 weitere Bücher folgten. Er ist der meistgelesene und meistkopierte Sachbuchautor der Welt. Seine Werke wurden in 28 Sprachen übersetzt und erreichten eine Weltauflage von 63 Millionen Exemplaren. Mehrere seiner Bücher wurden verfilmt, und nach EvDs Ideen entstanden diverse Fernsehserien.

Das Buch

Mitten im Regenwald von Guatemala fanden Archäologen ein uraltes Jade-Plättchen. 15 Maya-Schriftzeichen ließen sich darauf entziffern: »Hier ließ sich hernieder der Herrscher der Himmelsfamilie.« Welcher Himmelsfamilie?

Woher sollen die Steinzeitmenschen etwas vom Asteroidengürtel oder vom fernen Pluto gewusst haben? Dass sie es wussten, zeigt die gigantische Pyramidenstadt Teotihuacán in Mexiko – sie erwies sich als perfektes Modell unseres Sonnensystems.

Warum tragen in Stein verewigte Maya-Götter moderne Schutzhelme samt Schläuchen und seltsam anmutende Kästchen mit Tastaturen vor der Brust? Warum bedienen sie mit ihren Händen Hebel? Was haben steinerne Zahnräder im Dschungel verloren? Und warum findet man immer nur dort altes Quecksilber, wo es um Götter geht? Spuren einer längst vergessenen Technologie?

Warum finden wir in Platons Schriften aus Griechenland ähnliche Schilderungen wie in den Chilam-Balam-Büchern Mexikos? Weshalb findet man in Zentralamerika wie im fernen Indien die gleichen Darstellungen? Erich von Däniken öffnet Ihnen die Augen. Er zeigt unglaubliche Querverbindungen auf.

Spannend berichtet Erich von Däniken über die Entdeckung der Grabplatte von Palenque. Er führt den Leser durch die Irrwege der wissenschaftlichen Deutungen bis in die Gegenwart.

»Wir haben verlernt zu sehen, was zu sehen ist«, sagt Erich von Däniken und zeigt aus seinem einzigartigen Bildarchiv über 200, teilweise unveröffentlichte Aufnahmen – denn bekanntlich sagt ein Bild häufig mehr als tausend Worte. So schafft es Erich von Däniken, auch die hartnäckigsten Skeptiker zum Staunen zu bringen.

Erich von Däniken

Was ist falsch im Maya-Land?

Versteckte Technologien
in Tempeln und Skulpturen

KOPP VERLAG

1. Auflage August 2011

Copyright © 2011 bei
Kopp Verlag, Pfeiferstraße 52, D-72108 Rottenburg

Lektorat: Helmut Kunkel
Umschlaggestaltung: Anke Brunn
Satz und Layout: Angelika Unterreiner
Druck und Bindung: Offizin Andersen Nexö Leipzig GmbH

ISBN 978-3-942016-86-5

Gerne senden wir Ihnen unser Verlagsverzeichnis
Kopp Verlag
Pfeiferstraße 52
72108 Rottenburg
E-Mail: info@kopp-verlag.de
Tel.: (0 74 72) 98 06-0
Fax: (0 74 72) 98 06-11

Unser Buchprogramm finden Sie auch im Internet unter:
www.kopp-verlag.de

Inhalt

Liebe Leserin, lieber Leser,

dieses Buch gleicht einer Zeitreise. In Text und Bild möchte ich belegen: Bei den Maya und Azteken war bei Weitem nicht alles so, wie wir es gelernt haben – eine andere Betrachtung ergibt ein neues Resultat.

Das Chaos begann schon mit Christoph Kolumbus. Am 12. Oktober 1492 schrieb dessen Sohn in sein Tagebuch: »Wir bemerkten zwei oder drei Siedlungen, und das Volk der Eingeborenen rief uns an und dankte Gott. Einige brachten Wasser, andere brachten uns zu essen. [...] Wir verstanden, dass sie uns fragten, ob wir vom Himmel kämen.« [1]

Die verwirrten und höchst verblüfften Eingeborenen ahnten nicht, was eigentlich geschah. Bald nach der ersten Begegnung rannten kaffeebraune, splitternackte Indios aus allen Himmelsrichtungen zur Landestelle und wurden Zeugen einer unbegreiflichen Zeremonie. Kolumbus sowie die Kapitäne und Offiziere der Begleitschiffe *Pinta* und *Nina* trugen pompöse Gewänder: dunkelblaue und dunkelrote Samtkostüme mit weißen, wallonischen Halskrausen, Pluderhosen, breiten, silberbeschlagenen Gürteln, violetten Seidenstrümpfen und über alledem noch die Mäntelchen der spanischen Hofkavallerie. Kolumbus selbst, so ist es verbürgt, hatte einen breiten

Hut auf, von dem vergoldete Kapseln bimmelten. In der einen Hand trug er seinen Degen, in der anderen das königliche Banner. Die Begleitoffiziere winkten mit Flaggen. Als Nächstes trampelten zwei bärtige Mönche in braunen Kutten über die Planken, auf ihren Schultern ein Kreuz. Schließlich gesellte sich noch ein Teil der Schiffsmannschaft dazu, raubeinige Haudegen in verschiedenfarbigen Klamotten. Da torkelten Typen mit Glatze an Land, die Indios selbst kannten keine Glatzen. Die einen waren beschuht, die anderen barfuß, und etliche der übel riechenden Gesellen trugen buntfarbige Hemden. Wieder andere hatten sich trotz der feuchten Hitze eiserne Helme übergestülpt. Und natürlich schleppten sie ihre Messer, Degen und Flinten von Bord – fürwahr ein schillernder, respektabler Haufen.

Nachträglich kann man nur noch darüber erstaunt sein, dass die Eingeborenen angesichts der überirdischen Theatergruppe nicht wie vom Teufel gehetzt davonrannten.

Kolumbus und seine Offiziere verteilten großzügig Geschenke: billige rote Mützchen, wertlose Glasperlen, kitschige Spiegelchen und einige Haarkämme. Ehrfurchtsvoll nannten die Eingeborenen diesen Schnickschnack *turey*. Das bedeutet »Himmel«.

Ein überzeugendes Beispiel für den Zauber, mit dem Kolumbus die Indios zum Narren hielt, ereignete sich am 26. Dezember 1492. Kolumbus demonstrierte seine »göttliche« Macht: »Ich ließ eine Bombarde (schweres Geschütz) und eine Flinte abfeuern. Als die Indianer das Krachen hörten und das Mündungsfeuer sahen, warfen sie sich entsetzt aufs Gesicht. Es dauerte lange, bis sie es wagten, sich wieder zu bewegen.« [2]

Knappe 30 Jahre später, im Jahre 1519, wiederholte sich das unrühmliche Schauspiel in dramatischer Weise. Hernando Cortez war mit elf Schiffen, 100 Matrosen und 508 Soldaten vor der Küste Mexikos aufgetaucht. Cortez wollte sich Respekt verschaffen und ließ eine Kanonenkugel über die Häupter der Indios fliegen. Er notierte, die Eingeborenen seien wie tot zu Boden gefallen und lange verängstigt liegen geblieben.

Auch Francisco Pizarro wurde in Südamerika von den Inka zuerst als Gott eingestuft. [3] Und dem britischen Captain Cook, der die Südseeinseln entdeckte, erging es nicht anders. Die Eingeborenen hielten ihn für den zurückgekehrten Gott Rongo oder Longo. [4] (Bild 1)

Ein bisschen Pomp, ein bisschen Krach, ein bisschen überlegene Technologie, und jeder Hinterwäldler versinkt in Ehrfurcht.

Heute würden wir sagen, die Eingeborenenstämme seien überfordert gewesen. Sie kannten die Technologie der Eroberer nicht. Sie konnten die fremden Wesen, Uniformen und Waffen nirgendwo einordnen. So wuchsen die Eroberer in der Vorstellungswelt der Eingeborenen zu Göttern. Wir alle wissen, dass es keine Götter gibt und nie welche gab. Der Begriff »Götter« entstand aus einem Missverständnis.

All dies geschah vor Jahrhunderten, heute kann so etwas nicht mehr passieren. Wirklich nicht? Ein Beispiel aus der vertrauten Religion des Christentums belegt unsere verdrehte Einstellung:

Jedermann weiß doch, dass Jesus von Nazareth vor 2000 Jahren in Palästina predigte und schließlich von den Römern hingerichtet wurde. Dafür gibt es die schriftlichen Zeugnisse der Evangelien und der Apostelbriefe. Das Christentum hat sich in viele Erdteile ausgebreitet, Hunderttausende von Kapellen, Kirchen und wunderbaren Kathedralen sind entstanden. Da existieren Altäre mit grandiosen Ölbildern, christliches Kunsthandwerk aus Gold und Silber, Muttergottesstatuen und Kreuzigungsszenen. Eine christliche Kultur ist entstanden mit einer eigenen Musik wie den gregorianischen Gesängen oder den orchestralen Messen eines Johann Sebastian Bach.

Haben Sie schon einmal bedacht, dass all jene Künstler und Komponisten, die ihre Schaffenskraft in den Dienst der Religion stellten, keine Augenzeugen des realen Ereignisses waren? Kein Architekt einer Kathedrale oder Kirche, kein Stuckateur eines Seitenaltars, kein Krippenschnitzer von Oberammergau beobachtete die Geburt und das Leben Jesu mit eigenen Augen. Kein Michelangelo und kein Johann Sebastian Bach waren beim Abendmahl anwesend, und nicht ein einziger Kunsthandwerker der vergangenen 2000 Jahre hat sich die Bergpredigt »live« angehört. Sie alle – ausnahmslos – sind Werkzeuge der Überlieferung geworden.

Jesus selbst ließ nicht einen einzigen Gegenstand zurück, der in irgendeinem Museum der Welt bestaunt werden könnte. Er bekritzelte keinen Fetzen Pergament, drückte seine göttlichen Füße in keine Lehmschicht und hinterließ nirgendwo sein Autogramm mit dem aktuellen Datum römischer Zeitrechnung.

Angenommen, in tausend Jahren würden Archäologen die Überreste von christlichen Kirchen ausbuddeln. Sie würden sehr exakte Datierungen vornehmen und müssten feststellen, dass über eine Zeitdauer von mindestens 2000 Jahren immer wieder die gleichen Motive zur Anwendung kamen. Stets finden sie Kreuzigungsszenen, Krippengeburten, Engel und Apostel mit Heiligenscheinen um ihre ehrwürdigen Häupter. Natürlich würden die Fachgelehrten der Zukunft auch Widersprüche feststellen. Eine Muttergottesfigur aus Bayern sieht nicht gleich aus wie eine Muttergottesfigur aus Kenia. Die Kathedrale von Chartres in Frankreich, mit ihrer unvergleichlich schönen Glasmalereien und ihrer grandiosen Architektur, ist nicht vergleichbar mit einer schlichten Betonkirche des Jahres 2010. Die Künstler und Architekten meinten zwar alle dasselbe, drückten es aber in unterschiedlicher Weise aus. Und noch etwas: Aufgrund der Funde könnten Archäologen zur Ansicht kommen, Jesus von Nazareth sei mindestens 2000 Jahre auf dieser Erde gewandelt, denn über eine Zeitspanne von 2000 Jahren lassen sich die Kulturdenkmäler datieren.

Wir Christenmenschen wissen, wie all dies entstanden ist. Werden es Menschen in tausend Jahren auch noch wissen? Wie wenig Menschen wissen und wie rasch Missverständnisse entstehen, lässt sich aus dem Zeitalter der Entdeckungen belegen. Exakt darum geht es in diesem Buch. Um die alten Bilder in einem neuen Licht zu betrachten, muss ich zuerst – willig oder widerwillig – zum x-ten Mal erklären, was die Völkerkundler unter einem »Cargo-Kult« verstehen. Ohne diese Erklärung könnten einige Leser meinen Gedanken nicht folgen.

Ihr

Erich von Däniken
im Juni 2011

▶ 2

▶ 3

1. Kapitel

Cargo-Kulte mit Folgen

Im Frühjahr 1945 hatten die Amerikaner das Gebiet um Hollandia in Neuguinea zu einem Basislager ausgebaut. Zeitweise waren dort bis zu 40 000 Soldaten stationiert. Flugzeuge landeten und starteten nonstop, um Nachschub für den Krieg im Pazifik zu bringen. Die Buschbewohner, meist Papuas, beobachteten das Treiben der Fremden verständnislos. Sie hatten weder eine Ahnung von Weltpolitik noch von Technologie. Nun verteilten amerikanische Soldaten immer wieder kleine Geschenke, beispielsweise Schokolade, Kaugummi, alte Schuhe oder eine leere Flasche. Bald belegten die Eingeborenen alle diese Geschenke mit dem Wörtchen »Cargo«, das sie bei den Fremden gehört hatten. Cargo ist die englische Bezeichnung für »Ware«. Immer mehr Eingeborene wagten sich aus dem Busch bis an die Ränder der Flugpiste. Dort beobachteten sie, wie große, silberne Vögel mit lautem Lärm in die Wolken stiegen. Wahrscheinlich zum Himmel. Die Eingeborenen wünschten sich, dass diese Himmelsvögel direkt auf ihr Stammesgebiet flogen und dort ihr »Cargo« ausluden. Was war zu tun? [5]

Die Papuas glaubten, sie müssten sich nur genauso verhalten wie die Fremden. So entstand auf der Insel Wewak ein regelrechter Geisterflughafen mit imitierten Pisten und Flugzeugen aus Holz und Stroh. (Bild 2 und 3) Im östlichen Hochland von Neuguinea fanden holländische Beamte »Radiostationen« und aus Blättern zusammengerollte »Isolatoren«. (Bild 4 und 5) Armbanduhren wurden imitiert – aus Holz und Eisen. Sogar nachempfundene Stahlhelme aus Schildkrötenpanzern entstanden. Holländische und amerikanische Offiziere betrachteten diese Narreteien ziemlich fassungslos und lachten köstlich darüber. »Die Eingeborenen imitierten tapfer und mit einer unglaublichen Ernsthaftigkeit alles, was sie beobachteten.« [6]

▶ 4

▶ 5

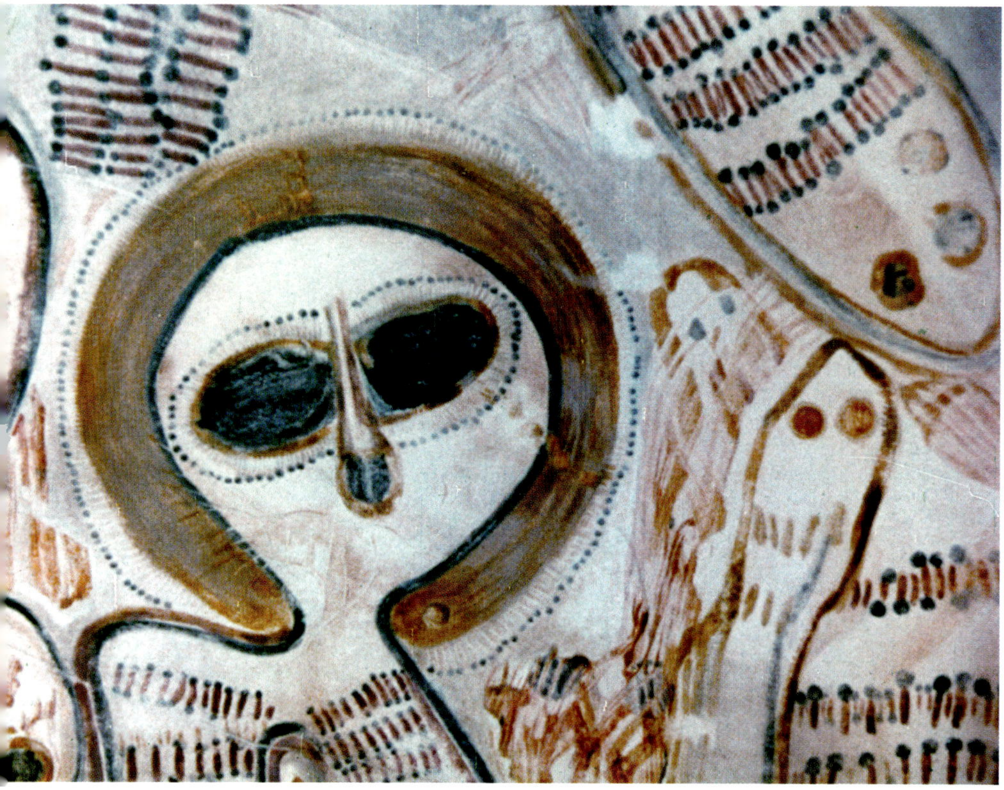

► 6

Bekannt ist auch ein Erlebnis, das der deutsche Forschungs-
flieger Hans Bertram bei einer Notlandung in Australien
überstand. Er wurde von den Aborigines nur deshalb nicht
getötet, weil er eine Fliegerbrille trug. Gestalten mit brillen-
ähnlichen Objekten kannten die Aborigines nämlich von ihren
Felszeichnungen. Dort allerdings stellten die Zeichnungen die
Muttergöttin Wandina dar. (Bild 6)

Als Frank Hurley in den 1920er-Jahren beim Dorf Kaimari
in Neuguinea eintraf, hielten die Eingeborenen sein Wasser-
flugzeug für einen göttlichen Vogel. Jeden Abend ruderten sie
mit einem Kanu an den Bug des Flugzeugs und opferten dort
ein Schwein. [7] (Bild 7) In der Ethnologie werden all diese
Missverständnisse mit dem Wörtchen »Cargo-Kult« abgedeckt. Der Startschuss für einen Cargo-Kult ist stets das Zu-
sammenprallen zweier unterschiedlicher Gesellschaften. Eine
Kultur ist technologisch weniger entwickelt als die andere und

► 7

versteht die Technologie der weiter entwickelten Gesellschaft nicht. (Bild 8) Sämtliche Kontakte von Eingeborenen mit einer überlegenen Technologie liefen auf dasselbe heraus:

1. Die Träger der überlegenen Technologie wurden von der anderen Seite als »übernatürlich« eingestuft.

2. Der Irrtum wurde bald erkannt und die »Übernatürlichen« ins Reich der Menschen zurückgestuft.

3. Bereits vor dem Eintreffen der Fremden waren andere, wiederum »übernatürliche Götter« bekannt. Ihre Rückkehr wurde allgemein erwartet.

Heute mögen wir über das Verhalten der Eingeborenen nur müde lächeln. Wir denken, wir wüssten es besser. Tatsächlich aber würde eine technologisch weit fortgeschrittene Kultur – beispielsweise Außerirdische – auch von uns als übernatürlich eingeschätzt. Wir würden ihre Waffen und Kommunikationssysteme ebenso wenig verstehen wie die Eingeborenen von damals Kolumbus und seine Theatertruppe. Eine Technologie, die der unsrigen nur eine Generation voraus ist, würde von uns als »magisch« eingestuft. Nicht anders als damals. Exakt derartige Missverständnisse möchte ich in diesem Buch aufdecken und Cargo-Kulte entlarven, hinter denen wir bislang heiligen Klimbim vermuteten und entsprechend tiefsinnige, religionspsychologische Abhandlungen verfassten. Ich hinterfrage also scheinbar sichere Werte – allerdings ohne Rechthaberei.

Die Ruinenstätte von Tikal liegt im heutigen Guatemala, ihre Anfänge gehen auf ca. 1000 v. Chr. zurück. (Zur Erinnerung: Das alte Rom soll 753 v. Chr. gegründet worden sein.) Allein in der Zentralzone von Tikal sind 3000 Bauwerke lokalisiert worden: Wohnhäuser, Paläste, Verwaltungsresidenzen, Terrassen, Plattformen, Pyramiden und Altäre. Wozu dienten die Pyramiden? Waren es Observatorien? Weshalb dann so viele auf so engem Raum zusammengedrängt? (Bild 9 und 10)

Waren es Gräber? Bislang sind unter den Pyramiden keine Gruften gefunden worden.

▶ 10

► 11

Waren die Pyramiden Schulen unterschiedlicher Denkrichtungen? Wo hätten die Dozenten lehren, die Studenten lernen sollen? Auf der Pyramidenplattform ist sehr wenig Platz. (Bild 11 und 12)

Waren die Pyramiden Opferstätten? Nicht in Tikal, Menschenopfer wurden erst in viel späterer Zeit dargebracht.

Oder waren die Pyramiden vielleicht Mahnmale der Herrscherfamilien? Auch das kann nicht stimmen, denn verschiedene Pyramiden sind gleichzeitig errichtet worden. Die Herrscher hätten sich in der Quere gestanden.

▶ 12

Das von der Regierung Guatemalas zum Archäologischen Nationalpark deklarierte Gebiet umfasst 576 Quadratkilometer. Diese Riesenfläche war einst der Raum für eine Ansammlung von gewaltigen Bauwerken – heute vom Dschungel überwuchert. (Bild 13 und 14) Zudem liegt Tikal an einer unmöglichen Stelle: Es gibt dort nämlich kein Wasser. Fürsten suchen für ihr Volk immer einen Stammplatz mit Wasser. Ohne Wasser läuft bei Menschen buchstäblich nichts. Doch in Tikal gibt es weder Bach noch Fluss. Das nächste Wasser – der Petén-Itza-See – liegt 40 Kilometer entfernt. Also hoben die Indios kilometerlange Kanäle aus, schufen in Tikal gewaltige Wasserspeicher, von denen bisher sieben in der inneren, drei in der äußeren Zone lokalisiert wurden. Radaraufnahmen haben inzwischen die Adern eines Bewässerungssystems zum Vorschein gebracht, das sich einst über die gesamte Halbinsel Yucatán ausdehnte.

▶ 13

► 14

Weshalb aber errichten Menschen eindrückliche Bauwerke, zusammengesetzt aus Abermillionen von Steinen, an einem Ort ohne Wasser? (Bild 15 bis 17) Das unentbehrliche Wasser musste schon beim ersten Spatenstich vorhanden sein. Wer Steine behaut, Steine schleppt, Steine aufeinandertürmt, braucht Wasser. Die Architekten hätten Tikal doch genauso gut am 40 Kilometer entfernten Petén-Itza-See planen können. Weshalb um alles in der Welt musste es an dieser unmöglichen Stelle liegen? Was könnte ein zwingender Grund gewesen sein?

► 16

► 17

Das Phänomen existiert auch in unserer Zeit. Wallfahrtsorte wie Lourdes in Südfrankreich, Fátima in Portugal oder
Guadalupe in Mexiko entstanden aus einem einzigen Grund:
Etwas Übernatürliches hatte sich abgespielt. In Lourdes be-
hauptete das Mädchen Bernadette Soubirous steif und fest, in
einer Felsgrotte die Muttergottes gesehen zu haben. (Bild 18)
In Fátima waren es drei Kinder, die monatelang immer am
gleichen Tag des Monats eine weiße Dame über einer Baum-
krone erblickten. (Bild 19) Die Erscheinung sprach zu den Kin-
dern. Nicht anders in Mexiko. Dort erschien die »Königin des
Himmels« einem jungen Indio. Der Boden wurde heilig. Immer mehr Menschen strömten zu den Erscheinungsorten. Zu
Beginn standen ein paar Kerzen und einige Blumen am Ort,
bald entstand eine Kapelle, dann eine Kirche und schließlich
eine Kathedrale. Würstchenverkäufer und Schankwirte ließen

► 18

NON FECIT TALITER OMNI NATIONI.

Tocada á su Santissimo Original.

sich nieder, die ersten Hotels eröffneten. Lourdes, Fátima, Guadalupe und andere Orte wurden für Millionen von Pilgern zu Wallfahrtsstätten. In Guadalupe verehren die Gläubigen ein Tuch – Tilma genannt. Das Tuch, heute eingerahmt, hängt über einem Altar der Basilika. Es soll sich auf übernatürliche Weise selbst gebildet haben und zeigt eine strahlenbekränzte Dame mit einem Sternenumhang. (Bild 20) Die gesamte Infrastruktur aller Wallfahrtsorte – Straßen, Elektrizität, Kanalisation – wuchs gleichzeitig mit dem Zustrom der Pilger. Doch der Startpunkt für den gigantischen Aufwand war stets etwas Übernatürliches gewesen. Hier – und nur hier! – hatte sich das Außergewöhnliche abgespielt.

Galt das auch für Tikal?

Dort fanden Archäologen ein kleines Jadeplättchen, auf dem sich 15 Maya-Schriftzeichen entziffern ließen.

»Hier ließ sich hernieder der Herrscher der Himmelsfamilie.«

Mit Verlaub gefragt: welcher Himmelsfamilie? Hatten die Vorfahren der Maya an diesem geografischen Punkt – und nur dort! – etwas Außergewöhnliches erlebt? Etwas derart Beeindruckendes, dass der Boden heilig und damit zum Wallfahrtsort wurde? Hofften die Nachfahren der Ur-Maya auf eine Rückkehr jenes »Herrschers der Himmelsfamilie«?

Eine der Stelen von Tikal nennt man »präklassische Stele«, so ist denn auch ihr Entstehungsdatum umstritten. Sie steht heute im kleinen Museum bei den Ruinen von Tikal. Der Kopf der Stele ist abgeschlagen, man erkennt gerade noch die Brust, zwei angewinkelte Ellbogen, die verzierten Unterarme und die beiden Hände, die eindeutig in Daumenhandschuhen stecken. (Bild 21) Darunter erkennen Fachleute eine horizontale Leiste mit doppeltem Schlangenkopf. In der Mitte folgt das Rückenmark, dann – nach unten betrachtet – ein breiter Gurt, die Oberschenkel und schließlich die Füße. Die Gelehrten erkennen einen mit Jadeperlen besetzten Schurz und an den Füßen Sandalen. In den Armen soll die Gestalt einen Zeremonialstab halten, der in kleinen Schlangenköpfen endet. Hand aufs Herz: Wie objektiv ist diese Betrachtung? Um die Handgelenke liegen breite Bänder, die Daumenhandschuhe erkennt auch ein Blinder. (Bild 22) Um die technischen Einzelheiten hervorzuheben, habe ich das Bild etwas koloriert. (Bild 23) Das angebliche »Rückenmark« entpuppt sich als gebogener

▶ 21

Schlauch, der in ein Kästchen mündet. Ein »Rückenmark« müsste senkrecht auf das Steißbein zulaufen. Die Füße sind in Wirklichkeit Stiefel, und aus jedem Stiefel windet sich wiederum ein kurioser Schlauch. Die Maya selbst waren barfuß oder trugen Sandalen. Was sollen die Stiefel mit den Schläuchen? Wird hier der »Herrscher der Himmelsfamilie« gezeigt? Sind Armschmuck, Daumenhandschuhe, Rückenmark, Kästchen, Stiefel und Schläuche nichts anderes als missverstandene Technologie? Hat der Künstler in heiligem Respekt etwas in Stein geschlagen, was er selbst nicht verstand?

Die Frage wäre lächerlich, wären da nicht unzählige verwandte Darstellungen in der Welt der Maya zu bestaunen. In Guatemala, nicht weit von der Pazifikküste entfernt, liegt das Dörfchen El Baúl. Seine Attraktion fand ich in einem offenen, Wind und Wetter ausgesetzten Bretterverschlag neben einer Zuckerfabrik. Das »El-Baúl-Monument Nr. 27«, wie die Stele offiziell heißt, ist 2,54 Meter hoch und 1,47 Meter breit. (Bild 24) Es wurde vor Jahrzehnten zufällig bei Rodungen gefunden und hier abgestellt. Die Stele zeigt eine dominierende Gestalt, die Arme kess angewinkelt, die Hände in die Hüften gestützt. Sie werden von Boxerhandschuhen geschützt, in jeder Hand liegt eine tennisballgroße Kugel. Durchaus modern stecken die Füße der Gestalt in Stiefeln, die bis zu den Knien reichen und in knickerbockerähnliche Hosen übergehen. Ein breiter Gurt trennt die Hose vom eng anliegenden Oberteil. So weit könnte – wenn auch erstaunlich – die Figur in der Mode ihrer Zeit gekleidet sein. Verblüffend ist jedoch der Helm, der den Kopf vollständig umschließt. Wie bei einem Taucheranzug liegt er mit breiten Wülsten auf den Schultern. (Bild 25) Vom Helm aus führt ein Schlauch in einen Kasten, vergleichbar einem Tank, auf dem Rücken. Näher betrachtet, erkennt man ein Guckloch im Helm und dahinter den Nasenansatz und das linke Auge des Helmträgers. (Bild 26)

► 25

Es wird noch merkwürdiger: In direkter Verlängerung der Nase, doch außerhalb des Helms, hat der Steinmetz eine Tierschnauze, vielleicht die eines Jaguars, modelliert. Aus dem zähnefletschenden Rachen weht – wie ausgepresst – die Atemfahne des Helmträgers. Um den Hals trägt die Figur zwei Bänder. Eines endet in einem quadratischen Kästchen auf der Brust, das andere in einem runden Etwas, vielleicht einem Amulett. Am Fuß der Stele knien sechs Wichtelmänner im Lotossitz, alle behelmt mit »Kopfhörern« über den Ohren. (Bild 27) Am Boden vor der Hauptgestalt liegt ein Mensch mit Daumenhandschuhen. Auch er umfasst eine Kugel, die er dem Helmträger darreicht.

Nach Meinung der Fachleute stellt das Relief eine Szene aus dem tödlichen Ballspiel der Maya dar. Der Sieger trage die Maske eines Affen, Jaguars, vermutlich aber eines Opossums. Deshalb sei der »Schlauch« vom Helm zum Tank nichts anderes als der Schwanz der kleinen Beutelratte und die ausgepresste Luft symbolisiere das Wasser, schließlich sei das Opossum ein Wassertier.

▶ 27

Eine akademische Erklärung – doch letztlich genauso fanta-siereich wie meine Deutung. Weshalb soll sich ein Ballspieler die Maske eines Tieres überstülpen, die ihn nur behindert hätte? Die Maya beherrschten ein äußerst schnelles Spiel. Die Akteure mussten blitzartig reagieren, ihre Augen hatten überall zu sein. Das Gesicht hinter der Maske lässt aber nur einen sehr begrenzten Blick frei. Und warum soll sich der Spieler den

Schwanz eines Opossums hinter das übergroße Ohr hängen? Was soll der Tank auf dem Rücken? Zum Vergleich: Die Ballspieler von Chichén Itzá (Mexiko) tragen weder Tiermasken noch Opossumschwänze hinter den Ohren. Geschweige denn Gefäße auf dem Rücken.

Aus der »Cargo-Kult-Schule« buchstabiere ich eine andere Variante: Die Vorfahren der Maya sahen vor langer Zeit einen »Gott« = Außerirdischen. Der trug einen geschlossenen Helm mit einer Sichtscheibe. Dies wegen der irdischen Luftzusammensetzung und der Bakterien. Aus einem Tank auf dem Rücken floss irgendein chemisches Gemisch, das unsere Luft anreicherte oder desinfizierte. Die verbrauchte Luft wurde wieder ausgestoßen. Der ganze Körper steckte in einem engen, luftundurchlässigen Overall, abgeschlossen durch die hohen Stiefel. Genau wie im Beispiel der christlichen Kirchen hatte der Steinmetz des »Monuments Nr. 27« von El Baúl persönlich nie einen »Gott« zu Gesicht bekommen. Das lag weit, weit in der Vergangenheit. Die Fleißarbeit des Künstlers entstand aus der Fantasie der Überlieferung, vergleichbar dem heutigen Kunstmaler, der die Himmelfahrt Jesu über einen Seitenaltar pinselt, obschon er beim tatsächlichen Ereignis nie dabei war.

Zudem ist die Stele von El Baúl nicht die einzige mit einem Tank auf dem Rücken. Vor Jahrzehnten kam mir im Gerümpel von Copán (Honduras) eine komische Figur vor die Kamera. Der Stein war durch Wind und Wetter über die Jahrtausende abgewetzt. Immerhin: auf dem Rücken gerade noch erkennbar ein »Tank«, und darauf eine Art Zahnrad. (Bild 28) Daraus führte ein Schlauch direkt in den Helm der Gestalt.

270 Luftkilometer von Tikal entfernt liegt Copán im heutigen Honduras. Im Jahre 1576 berichtete der spanische Chronist Diego Garcia de Palacio darüber:

»Dort befinden sich die Ruinen herrlicher Tempel, die beweisen, dass hier einst eine große Stadt stand, von der man nicht annehmen kann, so primitive Menschen wie die Ortsansässigen seien jemals in der Lage gewesen, sie zu bauen. […] Zwischen diesen Ruinen stehen höchst bemerkenswerte Dinge. Ehe man dorthin kommt, stößt man auf sehr dicke Mauern und einen riesigen, steinernen Adler. Auf der Brust trägt er ein Quadrat, dessen Seitenlänge mehr als das Viertel einer spanischen Elle beträgt und auf dem unbekannte Schriftzeichen stehen. Tritt man näher heran, so entdeckt man die Gestalt

► 29

eines großen, steinernen Riesen; die Indianer sagen, er sei der Wächter des Heiligtums gewesen.« [8]

Von dem »riesigen, steinernen Adler« blieb nichts, gar nichts übrig. Copán, die bedeutendste Sehenswürdigkeit von Honduras, nennen Fachleute heute das »Alexandria der neuen Welt«. Sylvanus Griswold Morley (1883–1948), der berühmte amerikanische Maya-Forscher, hielt fest, Copán sei die Stadt [9], »in der die Astronomie ihre höchste Entwicklung erreicht hat. Sie ist das Zentrum der Maya-Wissenschaft.«

Die völlig vom Urwald überwucherten Ruinen wurden 1839 wiederentdeckt. Etwa hundert Jahre später begannen die ersten Ausgrabungen. (Bild 29) Das Zentrum Copáns mit seinen Palästen und Pyramiden, Tempeln und Terrassen liegt höher als die weit gefächerte Stadt und wird Akropolis genannt. Ziemlich genau in der Mitte liegt der Ballspielplatz mit einem Spielfeld von 26 Metern Länge und sieben Metern Breite. (Bild 30)

Die absolute Sensation ist die 63-stufige Hieroglyphentreppe, die früher Bestandteil eines größeren Tempels war. Darauf eingemeißelt ist die Königsliste. Sinnigerweise geschah dies durch einen Herrscher namens »Butz' Yip«, was so viel wie »Rauch ist seine Kraft« bedeutet. Auf den Treppenstufen sind sitzende Menschengruppen und Datumszeichen zu sehen. Es sind insgesamt rund 2500 Maya-Glyphen – die längste bisher bekannte Maya-Inschrift. (Bild 31) Sechzehn steinerne Priester-Astronomen beraten über den komplizierten Maya-Kalender. Hier in Copán entdeckten die Fachleute die Ziffern für den

▶ 30

► 31

Beginn dieses Kalenders, jene zusammengesetzte Zahl mit der Eingangsglyphe »4 Ahau 8 Cumhu«. Es ist das Datum, an dem die Kalenderrechnerei begann, heute übersetzt mit dem 14. August 3114 v. Chr. Kurios dabei bleibt, dass es zu jenem Zeitpunkt noch gar keine Maya gab. Entweder haben sie den Startschuss für ihren Kalender von den Vorfahren übernommen, oder die Maya-Kultur ist viel älter als bislang zugestanden.

Die Ausgräber und Restaurateure haben hervorragende Arbeit geleistet. Copán ist eine Welt der unverstandenen Kunst, ein Augenschmaus für jeden Betrachter. Die Pyramiden sind nicht einfach vier schräg zum Himmel weisende, dreieckige Flächen, sie sind bestückt mit Reliefs und bis ins kleinste Detail ausgearbeiteten Figuren. (Bild 32) Von den Tempelwänden flie-

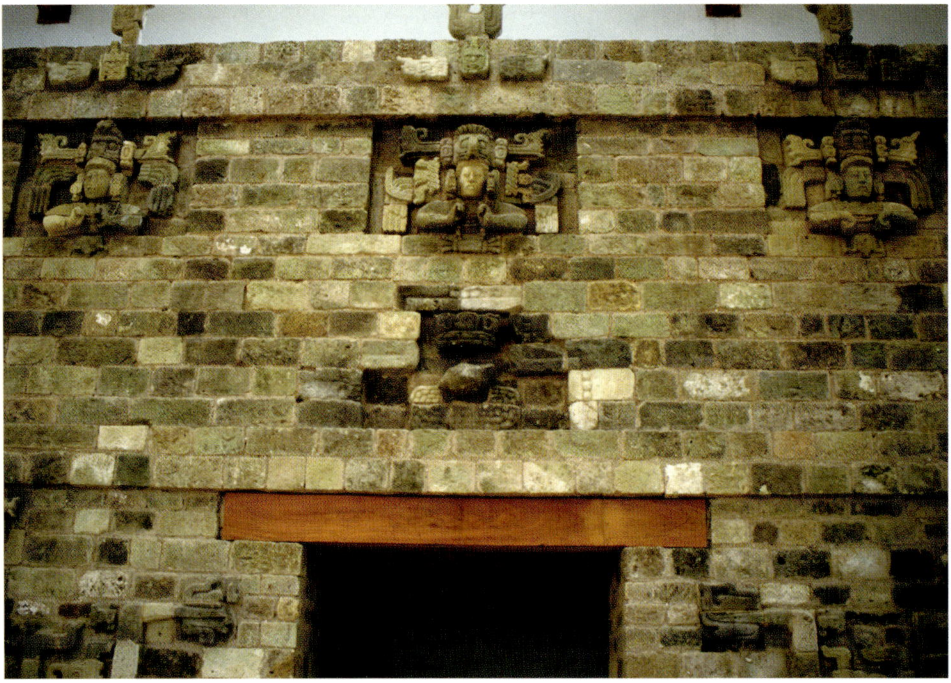

► 33

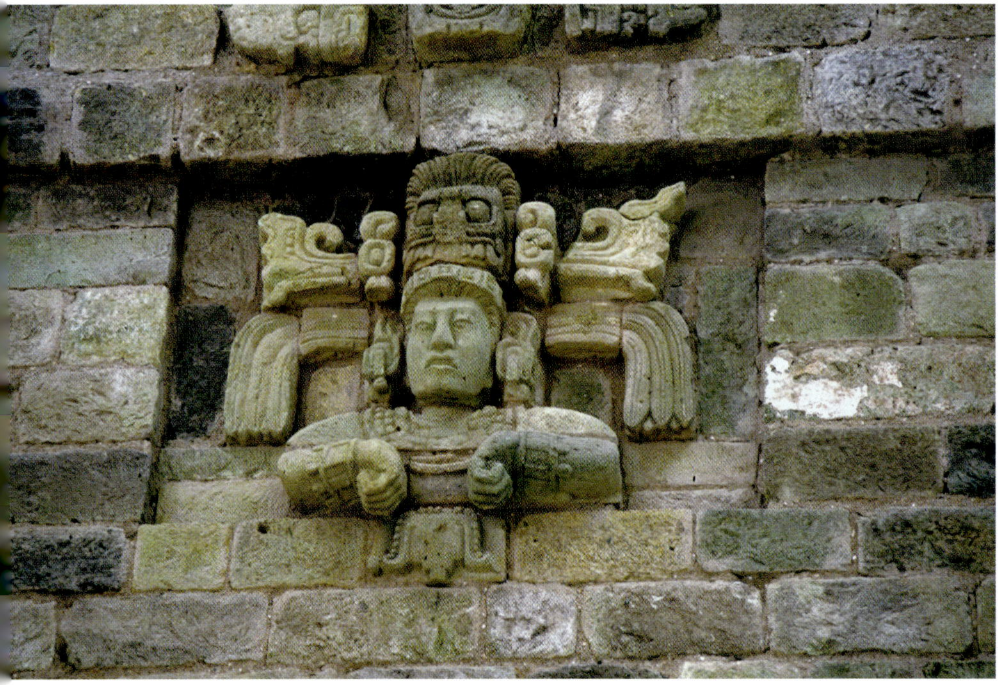

► 34

gen Gestalten mit Strahlenkränzen hernieder (Bild 33 und 34), die andernorts (beispielsweise in Tulum) als »Bienengötter« bezeichnet werden. (Ich komme darauf zurück.) Die Innenräume hingegen zeigen sich nackt – zumindest heute. (Bild 35)

Im Gegensatz zu Tikal wurde Copán direkt am gleichnamigen Fluss im Motagua-Tal erbaut. Hier gab es genug Wasser. Man schlug Rinnen in monolithische Blöcke und versenkte diese in den Boden. Einige der antiken Wasserleitungen funktionieren heute noch. (Bild 36 bis 38) Wir Menschen sind nicht nur Bestandteil einer Evolution, sondern auch unser Tun unterliegt einem evolutionären Prozess: dem der Technologie. Ursprünglich lebten unsere Vorfahren in der Natur, in Höhlen und unter Felsüberhängen. Dann entdeckten sie den Speer, den Bogen und begriffen, wie man Hütten errichten konnte. Es folgten die Steinbearbeitung sowie der Häuser-, Tempel- und Pyramidenbau. Doch hinter allem steckte die Planung. Welche Geistesgrößen entwarfen das phänomenale Kanalisationssystem von Copán? Wie viele Jahrzehnte »Evolution der Technologie« waren vorausgegangen?

► 35

▶ 36

▶ 37

Hat Copán auch Bezüge zu Cargo-Kulten aufzuweisen? Gibt
es im Ruinenfeld rätselhafte Dinge, die auf eine unverstandene,
uralte Technik deuten? Es wimmelt davon. Ich beginne mit
den »anthropomorphen Darstellungen«, das sind ansehnliche
Steinblöcke die oft – aber nicht immer – vor Pyramiden liegen.
Anthropomorph werden sie genannt, weil die kunstvoll zise-
lierten Monolithen Mischungen von Menschen, Tieren und
Glyphen zeigen, die kaum jemand versteht. (Bild 39 bis 41) Da
tauchen mitten im Wirrwarr von unbegreiflichen Kunstwerken zwei Unterschenkel mit beschuhten Füßen auf (deutlich
sichtbar in der Mitte von Bild 42). Picasso hätte seine wahre
Freude daran. Dann eine im Lotossitz hockende Figur, die sich

▶ 39

▶ 40

▶ 42

mit den Fingern an einer asiatischen Kopfbedeckung kratzt. Sie könnte genauso aus Angkor Wat (Kambodscha) stammen. (Bild 43) Auch stießen die Ausgräber im Durcheinander der Blöcke auf steinerne Zahnräder, die sich nirgendwo einordnen ließen. (Bild 44 bis 46) Der Wald von Fragezeichen wächst. Völlig neben der Lehrmeinung schließlich die unerklärlichen Kugeln, die gleich in mehreren Darstellungen auftauchen. Wir haben nicht die leiseste Ahnung, weshalb die Steinmetze in ihren verwirrenden Kunstwerken Kugeln platzierten. In jedem der Bilder 47 bis 50 taucht eine derartige Kugel auf. Was hatten sie zu bedeuten? Schließlich hat für den Künstler alles seinen Sinn. Niemand meißelt widersinniges Zeug in seine Stuckatur, schon gar nicht unter der Oberaufsicht von Priestern.

► 44

▶ 45

▶ 46

► 47

► 48

▶ 49

Das Kunsthandwerk der Maya kann ohne Weiteres mit demjenigen des alten Ägypten und des alten Indien verglichen werden. An allen Orten entstanden vielfarbige Reliefs aus dem religiösen Denken. Und in Indien wie Zentralamerika auch noch die gleichen steilen Pyramiden mit ihrem verschnörkelten Stuck. Was für ein Glaube lieferte die Initialzündung? Im Grunde erleben wir heute nichts anderes. In den Haupt- und Seitenaltären unserer Kathedralen werden Szenen aus dem Neuen und dem Alten Testament dargestellt. Engelfürsten,

▶ 50

begleitet von Engelkindern, residieren im Himmelszelt. Irgendein »Gottvater« thront zwischen den Sternen, dirigiert das grandiose Geschehen. Heilige Figuren fahren in den Himmel, werden von »himmlischer Heerscharen« bejubelt. Über dem Hauptaltar des serbischen Klosters Dečani (Kosovo, bei Peć) schweben sogar zwei veritable UFOs mit Sternen auf der Außenhaut und einer Art »Rückstrahl«. (Bild 51 und 52) In jeder dieser fliegenden Kugeln sitzt ein Mensch. Derjenige rechts im Bild scheint von demjenigen links verfolgt zu werden. Die Kreuzigungsszene mitsamt den UFOs im Kloster von Dečani im Kosovo stammt aus dem 12. Jahrhundert. Was um alles in der Welt inspirierte den Maler?

▶ 51

▶ 54

Dieselbe Frage gilt für die gesamte religiöse Kunst des Altertums, egal wo. Selbstverständlich haben Menschen eine phänomenale Fantasie – doch auch die braucht Anstöße. In Copán tragen die Priesterfürsten ein kompliziertes Stuckwerk über dem Haupt, welches »das Himmlische« darstellt. (Bild 53) Der Priester selbst trägt einen breiten, rechteckigen Balken in den Händen. (Bild 54) Nach Lehrmeinung soll dies das »Zepter« des Fürsten sein. Abgesehen davon, dass ich in diesem Falle nicht an die Zepter-Variante glaube, reizt mich die Frage: Woher stammt eigentlich die Idee des Zepters? Irgendein machtvolles Werkzeug in den Händen der Herrschenden? Eine ehemalige Waffe, abgeguckt bei den Göttern? Die Frage ist nicht so dumm, wie sie scheinen mag. Woher kommt der Gedanke des Heiligenscheins bei den Engeln und Heiligen? Weshalb haben Engel eigentlich Flügel? Weil sie vom Himmel kommen? Welchem Himmel? Dem der religiösen Glückseligkeit oder dem Weltall? Wieso trägt der Bischof eine hohe Mütze und der Papst eine Tiara? Weshalb müssen Priester aller Kulturen in besonders saubere Kleider gesteckt werden, bevor sie sich ihrem Gott nähern dürfen? Hinter dem scheinbaren Unsinn steckt Logik.

Ganz bestimmt haben die Fachleute recht, wenn sie argumentieren, es seien Götter und Hohe Priester dargestellt worden. Doch weder die einen noch die anderen entstehen aus der Luft. Um Naturgottheiten, wie oft eingewendet wird, handelt es sich definitiv nicht. Es geht nirgendwo um die Elemente, um den Donner oder den Blitz, das Erdbeben oder den Vulkanausbruch. Die Frage, die ich gleich bildlich untermauere, lautet: Was für Götter? Welchen Schmuck, welche Zeremonialgewänder und nachempfundenen Gegenstände tragen diese Götter und ihre Priester? Wie der Affe, ist auch der Mensch ein großer Imitator, der nachmacht, was er nicht versteht. Cargo-Kulte belegen es.

Die Helme der kuriosen Maya-Darstellungen haben es in sich. Es sind herrliche, kunstvolle Gebilde voller unverstandener Symbolik. (Bild 55) Über den Köpfen immer wieder Feuerstrahlen. (Bild 56 bis 58) Und dann die rätselhaften Kästen auf der Brust. Die Bilder 59 und 60 demonstrieren es klipp und klar. Mit zehn Fingern wird eine Tastatur – man könnte auch sagen Klaviatur – bedient. Die Dinger müssen ja wohl einen Zweck gehabt haben. Waren es Töne, die man einem Instrument entlocken konnte? Schwingungen, die erzeugt wurden, oder schlicht Steuerpulte für eine fremdartige Technologie, vor langer Zeit irgendwelchen Göttern abgeguckt? Wohlgemerkt, ich bin überhaupt nicht der Meinung, die Maya hätten irgendwelche Computer verwendet, das wäre nun wirklich völlig daneben. Aber ob's ins Schema passt oder nicht: Die Brustkästen mit der Klaviatur sind nun mal vorhanden, und sie werden zweifellos mit zehn Fingern ohne Daumenhandschuhe bedient. (Bild 61 und 62) Genauso unverstanden sind die offensichtlich schweren Geräte zwischen den Beinen. (Bild 63) Um einen Schurz, wie man uns einreden möchte, handelt es sich nicht.

► 55

► 56

▶ 57

► 61

► 62

▶ 63

Auf die Spuren einer missverstandenen Technologie stieß ich auch in der Open-Air-Gerümpelkammer von Copán. Da liegen noch die Oberkörper von Gestalten, die größere Bedienungselemente auf der Brust getragen haben müssen. (Bild 64 und 65) Diesmal liegen keine zehn Finger auf einer Tastatur, doch die Fäuste umklammerten einst beidseitig Hebel, vergleichbar am ehesten mit der Hand-Gas-Bedienung heutiger Maschinen. Die Aufhängevorrichtung, in welche die ehemalige Technik einrasten musste, ist zweifellos da. Zudem hängen diese Gestelle auch noch an breiten Bändern über beide Schultern. Cargo-Kult?

▶ 64

► 65

Die Stele auf den Bildern 66 und 67 ist auch für Fachleute schwer zu deuten (Unter- und Oberteil). Unbestritten ist, dass der gesamte Körper der Gestalt von Strahlen umschlossen wird. Der Rest ist für unsere Augen Hokuspokus, genau wie die überragende Figur auf Bild 68. Sie trägt unter anderem einen Bart. Die zentralamerikanischen Indios kannten keine Bärte.

Und schließlich zwei besondere Erleuchtungen für die klassische Betrachtung. Was diente als Vorbild für die Darstellung des Asiaten im Lotossitz? (Bild 69) Schließlich befinden wir uns nicht irgendwo in einem südindischen Tempelbezirk, sondern in Zentralamerika. Der Typ hockt mit gekreuzten Beinen auf dem obersten Fenster der Stele, sogar die seitwärts aufliegenden Zehen wurden nicht vergessen. Auch dies übrigens keine Laune des Steinmetzes. Im Olmeken-Park von Villahermosa (Mexiko) meditieren seine Kollegen genauso vor sich hin. (Bild 70 und 71) Handelt es sich um Einflüsse aus Indien? Wie das? Es soll doch vor Jahrtausenden keine Verbindung zwischen Asien und Zentralamerika gegeben haben!

Ich habe noch einen besonderen Cargo-Kult-Schmaus für die cleveren Kritiker zu bieten. Was das einzigartige Kunstwerk enthüllt, dient als Augenöffner. (Bild 72) Die Darstellungen beidseitig der Kopfbedeckung sind unerklärlich. Doch rechts unten im Bild sind die vier Finger des Handrückens und der Daumen erkennbar. Sie bedienen klipp und klar ein Gerät technischer Natur. Eine Waffe? Eine Art Pressluftbohrer? Die Handgriffe eines sogenannten Rocket-Belts – eines Ein-Mann-Fluggeräts?

▶ 71

Ich habe keine Antwort. Doch die Imitation eines technischen Geräts sollte in der Diskussion ebenso berechtigt sein wie der Glaube an irgendeinen psychoreligiösen Zeremonial-Klimbim. »Alles Wunschdenken und Humbug!«, höre ich die Fachleute raunen. Schließlich sind mir die Interpretationen der ehrenwerten Archäologen vertraut. Allerdings taucht solcher »Humbug« auch an vielen anderen Orten auf, wie ich noch zeigen werde.

Im Herbst 1992 entdeckte Ricardo Agurcia, der Direktor der Ausgrabungen des Copán-Projekts, einen unterirdischen Tempel. Den oberirdischen Teil nennt man »Templo Nr. 16«, den unterirdischen Teil »Rosalia«. Selbstverständlich ist »Rosalia« viel älter als Tempel Nr. 16, denn der wurde über »Rosalia« errichtet. Spiralartig führte ein Schacht die Ausgräber in die Tiefe, an den Wänden tauchten vereinzelte Malereien auf. Dann standen die Männer plötzlich vor einer mächtigen Wand, bemalt mit blauen und roten Farben. An dieser Wand hingen die Masken von Götter- oder Menschengesichtern – darunter auch die eines angeblichen Vogelgottes – und diverse

Ornamente, von denen einige bis heute nicht entziffert werden konnten. Von dort aus führte ein Schacht noch tiefer in den Fels. Jetzt hofften die Fachleute, endlich Hinweise auf den Gründer der Stadt Copán zu finden. Schließlich, noch tiefer, kam eine Kammer mit einem wuchtigen, hermetisch verschlossenen Sarkophag zum Vorschein. Das musste es sein! Hier musste der Stadtvater von Copán liegen. Meißel wurden zwischen den Sarkophag und den schweren Deckel gekeilt, Zentimeter um Zentimeter hob sich die Platte. Doch jäh wurde die Arbeit abgebrochen. Aus dem Sarkophag strömte Quecksilberdampf. Die vier Arbeiter direkt am Sarkophagdeckel rangen nach Luft und mussten schnell nach oben getragen werden. Quecksilbervergiftungen können tödlich sein. Die nächste Kolonne konnte nur noch mit Gasmasken arbeiten. Zur totalen Verblüffung der Archäologen war im Sarkophag eine klebrige, quecksilberhaltige Masse gelagert. Noch etwas tiefer tauchte die Gruft einer Frau auf und ein Sarkophag mit rätselhaften Beigaben, über welche die zuständigen Archäologen bis heute schweigen.

Drei Jahre nach dieser Entdeckung unterhielt ich mich mit dem Grabungsleiter von Copán, einem hochgebildeten Honduraner, der Archäologie an der weltberühmten Yale-Universität (New Haven, Connecticut, USA) studiert hatte. »Wozu das Quecksilber in einem hermetisch abgedichteten Sarkophag unter einer Pyramide?«, wollte ich wissen. Quecksilber sei ein Farbverstärker, meinte der Gelehrte selbstsicher. Die Maya hätten es verwendet, um die Farben an ihren Fresken hervorzuheben.

Das einfache Denken, die in der Wissenschaft geforderte nächstmögliche Antwort, ist in diesem Falle unsinnig. Auch wenn Quecksilber als Farbverstärker verwendet werden kann, wird man es sicher nicht tief unter einer Pyramide lagern. Quecksilber hat den Charakter von Edelmetall, in reinem Zustand ist es sehr beständig. Das silbrige Zeug erstarrt bei einer Temperatur von minus 38,83 °Celsius zu einer kristallisierenden Masse. Bei 357 °Celsius beginnt es zu sieden. Allerdings verdampft es auch schon bei niedrigen Temperaturen still vor sich hin. Das seltsame Quecksilber löst die meisten anderen Metalle auf, sogar Blei, Kupfer, Silber und Gold – allerdings erst bei höheren Temperaturen. Kurioserweise aber werden Eisen, Silizium, Nickel oder Mangan nicht aufgelöst. Wie also kann man Quecksilber aufbewahren, wenn es selbst

Gold auflöst? Die Aufbewahrung funktioniert nur in Glas, glasiertem Steinzeug (Krügen) oder Glimmer. Woher kommt Quecksilber? Es lässt sich leicht aus Erzen lösen. Dampf oder Essig genügt für den Prozess. Im Altertum wurde Quecksilber dem Planeten Merkur zugeschrieben. Viele Völker verarbeiteten es. Der Grieche Aristoteles (4. Jh. v. Chr.) nannte es »flüssiges Silber«, und Theophrastos beschrieb im Jahre 315 v. Chr. sogar die Gewinnung von Quecksilber.

Der Quecksilberfund von Copán ist kein Unikat. Kleinere Quecksilberfunde gab es auch in Palenque oder Teotihuacán (Mexiko). Sind vielleicht Quecksilberdämpfe die Lösung für die Schutzhelme, Masken, Schläuche und Kästen auf dem Rücken?

Doch Quecksilberfunde wurden auch ganz woanders gemacht. Etwa im Grab des chinesischen Kaisers Quin Shihuangdi (3. Jh. v. Chr.) oder in ägyptischen Gräbern auf dem Berg Nabta, 1350 Kilometer südlich von Kairo. Dort waren zwei Gruften mit Malereien der Himmelsgöttin Hathor geschmückt. Die Skelette konnten keiner Dynastie zugeordnet werden, doch in einem Steinkrug lag der kristallisierende Quecksilberbrei.

Im alten Indien diente Quecksilber (und übrigens auch Karbid) als eine der Treibstoffzutaten für fliegende Maschinen. Gemäß den altindischen Texten wurde solches Quecksilber stets in luftdichten Kammern transportiert und gelagert. Diese Transportbehälter bestanden aus Glimmer. [10, 11] Deshalb wundert es mich nicht, wenn Glimmerkammern nicht nur bei den Maya, sondern auch in Teotihuacán im Hochland von Mexiko und sogar in Nordamerika gefunden wurden. (Ich berichtete in meinem letzten Buch darüber. [12]) Glimmer ist nicht nur ein phänomenaler elektrischer Isolator, sondern auch hitze- und säurefest.

Jeder, der sowohl die Tempel der Maya als auch diejenigen in Südindien kennt, ist verblüfft von den Parallelen. Hier wie dort Skulpturen in leuchtenden Farben, Menschen im Lotossitz, hier wie dort Vielgötterei, hier wie dort ineinander verschnörkelte Stuckarbeiten, steingewordene Mythologien. Und hier wie dort steile Stufenpyramiden. Die Pyramiden im südindischen Kanchipuram (Bild 73) sehen nicht anders aus als jene in Tikal (Guatemala). Auf den Spitzen der Maya-Pyramiden thront ein kleines Tempelchen, ein Wohnsitz oder Landeplatz der Götter. Auf jenen Südindiens ein »Vimana«, ein Götterfahrzeug. Hier wie dort Menschen, die sich in Hautfarbe, Gesichtern und Bewegungen gleichen, und sogar die modernen Städte sind zum Verwechseln ähnlich. Im indischen Madras komme ich mir oft wie in Mérida (Yucatán, Mexiko) vor. Ohne es sauber belegen zu können, spüre ich jedes Mal die augenscheinliche Ähnlichkeit zwischen den heiligen Stätten Zentralamerikas und jenen Südindiens. Sind einige alte Inder in Zentralamerika gelandet oder umgekehrt? Folgt man den Überlieferungen, so müsste die eine oder andere Gruppe nicht mal über die Ozeane gesegelt sein, sie hätten auch fliegen können.

Die Leser meiner Bücher wissen über die antike Fliegerei Bescheid. Die ist mit Quellen sauber dokumentierbar. [13, 14] In Indien wurde eine der fliegenden Gruppen »die Maruts« genannt. In ausführlichen Texten werden sie beschrieben:

»Preiset […] die im weiten Luftraum oder im weiten Raum des Großen Himmels herangewachsen sind. […] Kommt her, ihr Marut, vom Himmel, von der Luft, ziehet nicht ab in die Fernen. Ihr blitzestrahlenden Männer mit den furchtbaren Geschossen, heftig wie der Wind, Berge erschütternd, ihr Marut von donnernder Wucht. Ihr durchfahret die Nächte, die Tage, ihr Geübten, die Luft, die Räume, ihr Schüttler. […] An einem Tage erreichet ihr das Ende des Weges, ihr durchmesst mit Kraft den Luftraum. […] Wohin ihr beschlossen habt, dahin gehet, ihr Marut, und ihr fahret im Himmel und auf der Erde.« [15]

Im alten Indien existierten Tausende von Handschriften – in Zentralamerika ebenfalls. Während ein Großteil der antiken Literatur Indiens erhalten blieb – immer wieder abgeschrieben in Klöstern – wurden die Maya-Handschriften von den Spaniern radikal vernichtet. (Drei Handschriften überlebten das Chaos, das meiste davon ist nicht übersetzbar.) Immerhin meinen die wenigen Fachleute, die sich mit dem Pariser und dem Madrider Codex – zwei der erhaltenen Maya-Handschriften – befassten, es gehe darin um Kriege zwischen den Göttern am Firmament. Nicht anders in der altindischen Literatur. Mangels der Maya-Bücher ist ein Textvergleich nicht möglich. In der indischen Literatur taucht nirgendwo eine Infrastruktur zum Bau der Flugapparate – der sogenannten »Vimanas« – auf. Es existierten keine Werkstätten, in denen fliegende Gebilde hergestellt wurden, es gab keine Testflüge, keine Evolution der Technologie. Die fliegenden Ungetüme waren einfach da. Die Infrastruktur kam von außen: vom Weltall.

► 74

► 75

► 76

▶ 77

Doch die Tatsache der fliegenden Götter und Menschen ist nicht nur in Indien anzutreffen. Im Altertum geflogen wurde auch im heutigen Sri Lanka, in China oder zwischen Jerusalem und Äthiopien. [16] Und die Götter kamen immer von oben. Eigentlich ganz normal, wird der Kritiker einwenden, denn woher sollen die Götter sonst kommen als aus den Wolken? Der Mensch hat nun mal nach oben geblickt und das Heil von oben erwartet. Dieser Standpunkt ist legitim, doch was dabei stört, ist der allgegenwärtige, technische Beigeschmack. Die Götter-Priester mit ihren Klaviaturen vor der Brust, die mit zehn Fingern bedient wurden, mit ihren Einhängevorrichtungen, ihren Helmen, Schläuchen und Kästen auf dem Rücken, ihren Fäusten, die technische Geräte umklammern, sind nun mal vorhanden. Wäre diese seltsame Ornamentik nur an einem Ort zu finden, ich würde kein Wort darüber verlieren. Dazu zählt auch das Phänomen der unverstandenen Zeremonien, die allesamt in die Religionen und Stuckaturen eingewandert sind. Auch die verwirrenden Kopfaufbauten lassen Fragen offen, die in der Archäologie nie zufriedenstellend gelöst wurden, gelöst werden konnten. Vermutlich weil das »Cargo-Element« nicht berücksichtigt wurde. Und eine vorgeschichtliche Fliegerei ist in der Schule der Archäologie so etwas wie eine Todsünde. Ein Sakrileg.

▶ 78

Was stand im altindischen Text zu Ehren der göttlichen »Maruts«? »Preiset […] die im weiten Luftraum oder im weiten Raum des großen Himmels herangewachsen sind. […] Ziehet nicht ab in die Fernen, ihr blitzstrahlenden Männer.« Nichts anderes zeigen die Bilder 66 und 67. Gestalten, deren Körper vollständig von Strahlen umgeben sind.

Tulum liegt in Mexiko an der karibischen Küste. Es war eine nach Plan gebaute Stadt. Die Hauptstraßen verliefen parallel in Nord-Süd-Richtung, und die Tempel erhoben sich gar mehrstöckig wie weiße Leuchttürme über der grünblauen Karibischen See. (Bild 74 bis 76)

▶ 79

Heute ist Tulum ein recht trostloser Ruinenort, der etwas abseits der touristischen Route liegt. Die Tempel von Tulum waren, so will es die Lehrmeinung, dem Bienengott geweiht. Kunstvolle Stuckdarstellungen zeigen aber alles andere als einen emsigen Honigsammler, nämlich vom Himmel herabfliegende Gestalten mit durchaus menschlichen Gesichtern. Stets sind die Beine nach oben gerichtet, der behelmte Kopf, sofern er nicht abgeschlagen wurde, weist Richtung Erde. (Bild 77 bis 81) Das Relief im Haupttempel von Tulum ist schwer erkennbar. Immerhin sind die gespreizten Beine zu sehen, die Schuhe liegen auf so etwas wie Auflagetellern. Die Arme sind angewinkelt, und in die Fäuste würde ich am liebsten Steuerknüppel pressen. (Bild 82 und 83) Selbst die Flügel sind rechts und links stilisiert, und der Overall mit Sturzhelm macht den vom Himmel herniederstürzenden Gott perfekt.

▶ 80

► 84

► 85

Eine Biene? Mir scheint, wir haben verlernt zu sehen, was zu sehen ist. Ich erkenne in den Stuckdarstellungen von Tulum missverstandene Technologien. Vermutlich hat kein Stuckateur irgendwelche Wesen beobachtet, die kopfüber aus den Wolken stießen. Doch die religiöse Überlieferung lehrte sie, dass einst menschenähnliche Wesen mit rätselhaftem Beiwerk von oben gekommen waren. Diese geheimnisvollen Lehrmeister hatten versprochen wiederzukehren, und die Menschen erwarteten sehnlichst die Niederkunft jener All-Mächtigen aus der Vergangenheit. Wobei das Motiv der kopfvoran herniederfahrenden Götter nicht auf Tulum beschränkt bleibt. Sie existieren auch an anderen Maya-Orten. Hier einige Beispiele aus Chichén Itzá. (Bild 84 bis 87)

▶ 86

▶ 88

Im Olmeken-Park von La Venta – das liegt bei Villahermosa in Mexiko – stehen wuchtige, plumpe Köpfe mit eng anliegenden Helmen. (Bild 88) Man fand sie einige Kilometer weit entfernt im Sumpf der Umgebung. Götter? Priester? Krieger? Wir wissen es nicht. Im selben Park ist auch der sogenannte Drachenmonolith zu bestaunen. Hier sitzt eine menschliche Gestalt mit ihrem Helm in einem geschlossenen Raum – dem Drachen. Mit der rechten Hand wird ein Stab bedient, und über dem Kopf hängt ein viereckiger Kasten. (Bild 89) Wollten die Menschen mit dem Feuer speienden Drachen das fliegende Ungeheuer darstellen?

Und schließlich noch die Stele Nr. 3. Sie misst 4,27 Meter auf 2,03 Meter. Bedauerlicherweise sind viele Teile der künstlerischen Darstellung abgebröckelt. Immerhin erkennt man

am oberen rechten Teil eine herniederschwebende Gestalt mit Helm. Die Figur weist mit den Händen belehrend nach unten, die Beine sind nach oben gerichtet. (Bild 90 und 91)

Nicht viel anders stellen wir in unseren Kirchen die Engelchen zwischen Himmel und Erde dar.

Meine Bilder aus der Welt der Maya sollen Denkanstöße sein und neue Fragen ermöglichen. Zwar sammelt und ordnet die Archäologie Fakten, doch was die Vorstellungswelt der Künstler betrifft, die ihre herrlichen Skulpturen schufen, da tappt auch die von mir verehrte Archäologie in ihre eigene Falle der festgelegten Denkmuster. »Das Himmlische« ist nicht nur ein Sternenzelt, der Begriff »Himmel« nicht nur ein nach dem Tode erwünschter Ort. Himmel ist auch der Weltraum. Und da in diversen alten Texten Menschen »in den Himmel« geholt und erstaunlicherweise wieder wohlbehalten zur Erde zurückgebracht wurden, kann »Himmel« durchaus auch ein missverstandener Begriff für »Mutterraumschiff im Orbit« sein. Einen derartigen Besuch »im Himmel« (im Mutterraumschiff) beschrieben vor Jahrtausenden verschiedene Menschen, darunter

▶ 91

bekannte Gestalten wie Henoch und Abraham. [17, 18] Und all dies vor der großen Flut. Die Menschen bestaunten das Firmament seit Adams Zeiten, und das nicht nur, weil es still, geheimnisvoll und unendlich schien, sondern auch, weil sich dort oben unerklärliche Objekte bewegten und mit »Rauch und Feuer« die Erde aufsuchten. (Bild 92) Genau das steht im Text an die göttlichen »Maruts«: »[…] die im weiten Raum des Großen Himmels herangewachsen sind. […] Ihr Maruts, vom Himmel, von der Luft, zieht nicht ab in die Fernen […] und ihr fahrt im Himmel und auf der Erde.«

Es wird klar, das mit »Himmel« kein Ort der Glückseligkeit nach dem Tode gemeint sein kann. »Himmel« war »Weltraum«. Das gilt für unzählige alte Texte aus den indischen Sanskritschulen, für Salomons Flugwagen im äthiopischen Kebra Negest, für das Buch Henoch, die »Abraham-Apokryphe« und das Alte Testament [19]:

»Der Herr aber ließ Schwefel und Feuer auf Sodom und Gomorrha regnen, von dem Herrn vom Himmel herab […].« (1. Mose 19, 24)

»Es begab sich im dreißigsten Jahre, am fünften Tage des vierten Monats […]. Da tat sich der Himmel auf […]. Ich sah, wie ein Sturmwind daherkam von Norden her und eine große Wolke umgeben von strahlendem Glanz und einem unaufhörlichen Feuer […] und ihre Beine waren gerade und funkelten wie Erz. […] Weiter sah ich ein Rad auf dem Boden […] die vier Räder waren alle von gleicher Gestalt.« (Ezechiel 1, 1 ff.)

Alle Zitate bezeugen es: Mit »Himmel« war der Weltraum gemeint. Dieselbe Feststellung gilt für einige der Pyramidentexte des alten Ägypten [20] oder für die »Sage von der geflügelten Sonnenscheibe« [21].

»Darauf flog Hor-hut zur Sonne empor in Gestalt einer großen Sonnenscheibe mit Flügeln daran. […] Als er von der Himmelshöhe die Feinde erblickte […] stürmte er so gewaltig auf sie ein, dass sie weder sahen mit ihren Augen noch hörten mit ihren Ohren.«

Und was hat das alles mit Zentralamerika zu tun? Die himmlischen Wesen der Maya und ihrer Vorfahren waren genauso außerirdische Raumfahrer wie anderswo. Und die ließen ihre Spuren nicht nur in missverstandenen Technologien zurück, in unverstandenen Attributen an Götterstatuen – sondern sogar in gewaltigen Bauwerken.

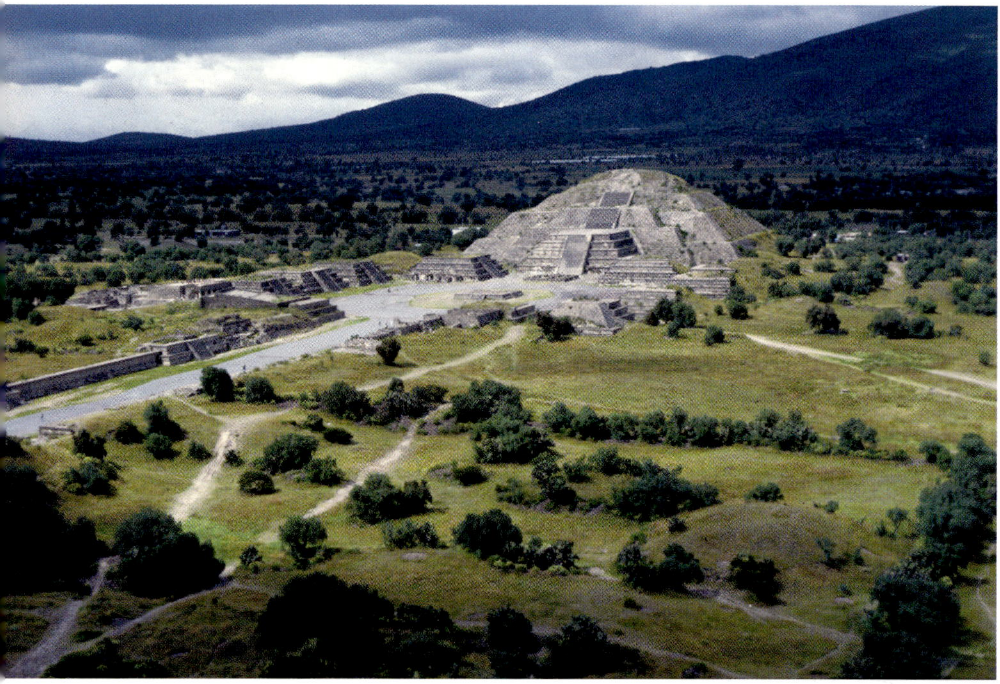

▸ 93

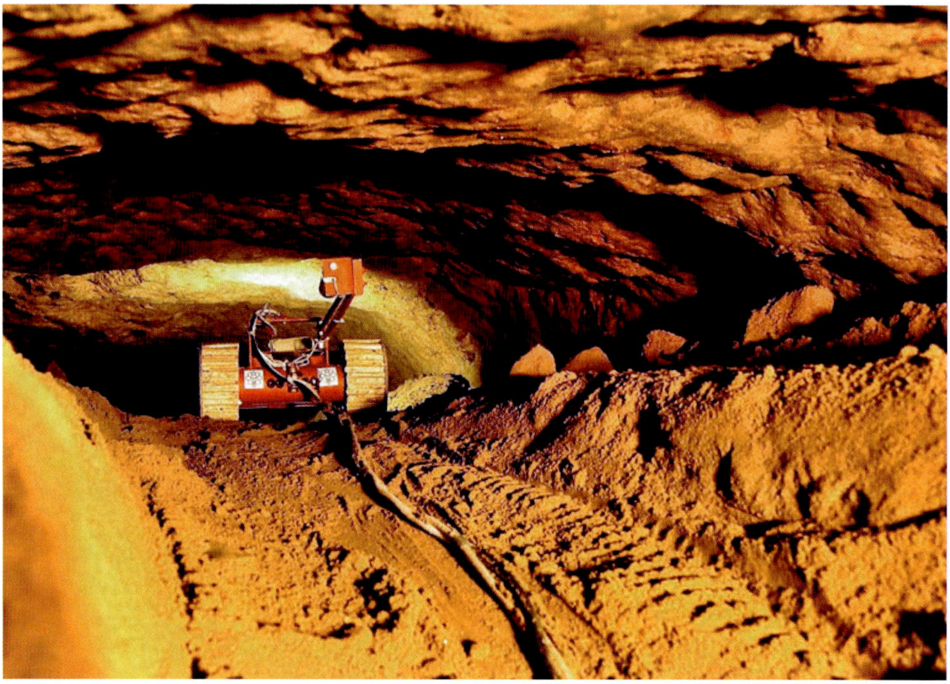

▸ 94

2. Kapitel

Orte zu Ehren der Götter

Rund 40 Kilometer nordöstlich von Mexico City entfernt liegt die grandiose Ruinenstätte von Teotihuacán. (Bild 93) Im Juli 1520 ritt Hernando Cortez, der Eroberer Mexikos, hier vorbei und ahnte nicht, welch gewaltige Anlagen unter den Hügeln verborgen lagen. Die Azteken wussten es immer, sprachen aber nicht darüber. Das Wort »Teotihuacán« stammt von ihnen und bedeutet: »der Ort, wo man zum Gott wird«. Der gewissenhafte franziskanische Missionar Bernardino de Sahagún (1499–1590) notierte: »Sie nannten den Ort Teotihuacán, weil er der Begräbnisplatz der Götter sei.« [22]

Vermutlich lagen die alten Indios richtig. Mittels Georadar wurden im Sommer 2009 unter den Ruinen von Teotihuacán Tunnel lokalisiert, und zwar in 12 Metern Tiefe. Wie bei der Großen Pyramide von Giseh (Ägypten) kommen neuerdings auch in Mexiko Hightech-Roboter zum Zug. (Bild 94) Eine vierrädrige Maschine mit dem Namen »Tlaloque I« spurte bislang 124 Meter ab und entdeckte drei Kammern, die mit tonnenschweren Monolithen verschlossen sind. Irgendetwas Gewaltiges liegt dort unten vergraben. Teotihuacán war ein heiliger Ort, ein Wallfahrtsort zu Ehren der Götter. Bernardino de Sahagún notierte:

»Während der Nachtzeit, als die Sonne noch nicht schien, da, heißt es, versammelten sich und berieten die Götter an dem Ort, dem man Teotihuacán nennt.« [22]

An diesem Göttertreffen nahmen auch Citlalinicue, Göttin des Sternenhimmels, und der rote Tezcatlipoca, der Gott mit dem Sternengewand, teil. Nach einer anderen Überlieferung [23] war auch Quetzalcoatl/Kukumatz, der Gott des Mondes und des Morgensterns, bei den Beratungen anwesend. Umso gespannter dürfen wir Heutigen auf einen brisanten Inhalt in den unterirdischen Kammern hoffen. Schließlich würde niemand drei Räume unter der Erde mit gewaltigen Steinen verschließen – wenn sie leer wären oder nur unbedeutende Gegenstände enthielten.

Wer Teotihuacán erbaut hat, ist unbekannt. Frau Laurette Séjourné, die als Archäologin jahrelang die Ausgrabungen von Teotihuacán leitete, notierte:

► 95

»Die Ursprünge dieser Hochkultur stellen das unzuläng-
lichste aller Geheimnisse dar. […] Wenn es schon schwerfällt
anzunehmen, dass Kulturmerkmale bereits am Anfang ihre
definitive Prägung gefunden haben sollen, so ist es noch schwerer, sich vorzustellen, dass der dazugehörige Komplex geistiger
Voraussetzungen plötzlich – vollkommen ausgebildet – einfach vorhanden gewesen wäre. Wir haben keinerlei materielle
Zeugnisse für diesen erstaunlichen Entwicklungsprozess.« [24]

Was Frau Séjourné vermisste, ist die »Evolution der Technologie«. Der Lehrmeinung nach soll Teotihuacán von etwa 500
v. Chr. bis 650 n. Chr. erbaut worden sein. Das ist eine lange

▶ 97

Zeit, doch in jeder Generation müssen sich die Architekten und Baumeister an uralte Pläne gehalten haben. (Persönlich halte ich die Ursprünge von Teotihuacán für viel älter.) Ein derartiger Zwang ist nur im Bannkreis einer mächtigen, alles beherrschenden Religion zu verstehen.

Mit seiner großflächigen Ausdehnung und seiner perfekten Infrastruktur ist Teotihuacán auch heute noch ein Ort des Staunens. Von Norden nach Süden verläuft eine 40 Meter breite und drei Kilometer lange Prunkstraße, *Camino de los Muertos* (»Straße der Toten«) genannt. Sie wird auf beiden Seiten von kleineren Pyramiden und Plattformen flankiert. In Nordrichtung weist der Boulevard ein Gefälle von 30 Metern auf, und damit wurde eine optische Täuschung erreicht, auf die auch heute noch jeder Besucher hereinfällt. Von Süden her, also von unten betrachtet, sieht der Tourist eine endlose Treppe mit gleichmäßigen Stufen, die schließlich mit der Mondpyramide am Ende der Strecke verschmilzt. (Bild 95) Umgekehrt, von oben nach unten betrachtet, sind alle Treppen – *hokuspokus!* – verschwunden, und der Betrachter hat nur die drei Kilometer lange Straße der Toten vor sich. (Bild 96)

▶ 98

Von der Mondpyramide her gesehen liegt an der linken Seite Mesoamerikas monumentalstes Bauwerk – die Sonnenpyramide. (Bild 97 und 98) Sie hat einen fast quadratischen Grundriss von 222 × 225 Metern und ist 19 Meter höher als die Mondpyramide am Ende der Prachtstraße. Trotzdem hat der Betrachter von der Pyramidenspitze aus den Eindruck, beide Bauwerke wären gleich hoch, und zwar aufgrund des Gefälles der Straße der Toten. Übrigens ist die Sonnenpyramide sogar von gewaltigeren Ausmaßen als die Cheopspyramide von Giseh (Ägypten). In Ägypten wurde mit Monolithen, schweren Steinblöcken, gearbeitet – in Teotihuacán mit kleineren Steinen und Millionen von luftgetrockneten Lehmziegeln. Wie Farbreste beweisen, leuchteten die Pyramiden ursprünglich in grellen Farben. Heute fehlen auf den abgeflachten Pyramiden die gigantischen Figuren, die einst dort oben standen. Eine drei Meter hohe, 22 000 Kilo schwere Statue lag am Fuße der Mondpyramide, und auf der Sonnenpyramide stand ursprünglich eine mit Silber und Gold überzogene Gottheit. Sie existierte noch zu Zeiten der spanischen Eroberer, doch der erste Bischof von Mexiko, der Franziskaner Juan de Zumárraga (1468–1548), ließ sie schleifen und einschmelzen. [25]

Das drittgrößte Bauwerk von Teotihuacán ist die Zitadelle mit dem Quetzalcoatl-Tempel. Wobei – am Rande – alle diese Namensgebungen absurd sind. Sie stammen nicht von den Erbauern. Quetzalcoatl war der fliegende Gott der Azteken und Maya, und die »Zitadelle« hat mit einer Festungsanlage so wenig zu tun wie ein Hindutempel mit dem Zürcher Hauptbahnhof. Auch die Bezeichnungen »Mondpyramide«, »Sonnenpyramide«, »Straße der Toten« etc. sind allesamt Erfindungen unserer Zeit. Immerhin ist der sogenannte »Quetzalcoatl-Tempel« das schönste und am reichsten mit Stuck verzierte Bauwerk von Teotihuacán. Federngeschmückte Schlangenköpfe winden sich durch den umlaufenden Fries, und Masken dämonischer Wesen glotzen aus den Abstufungen der steinernen Wände. (Bild 99 und 100) Die Motive am Quetzalcoatl-Tempel bestätigen, dass das Emblem des geflügelten Schlangengottes längst vor den Azteken und Maya bekannt war. Die Darstellungen sind so gut wie identisch mit den späteren Darstellungen des Gottes Quetzalcoatl der Azteken oder Kukulkan/Kukumatz bei den Maya. Im Innern einiger Bauwerke von Teotihuacán wurden Malereien gefunden, aus

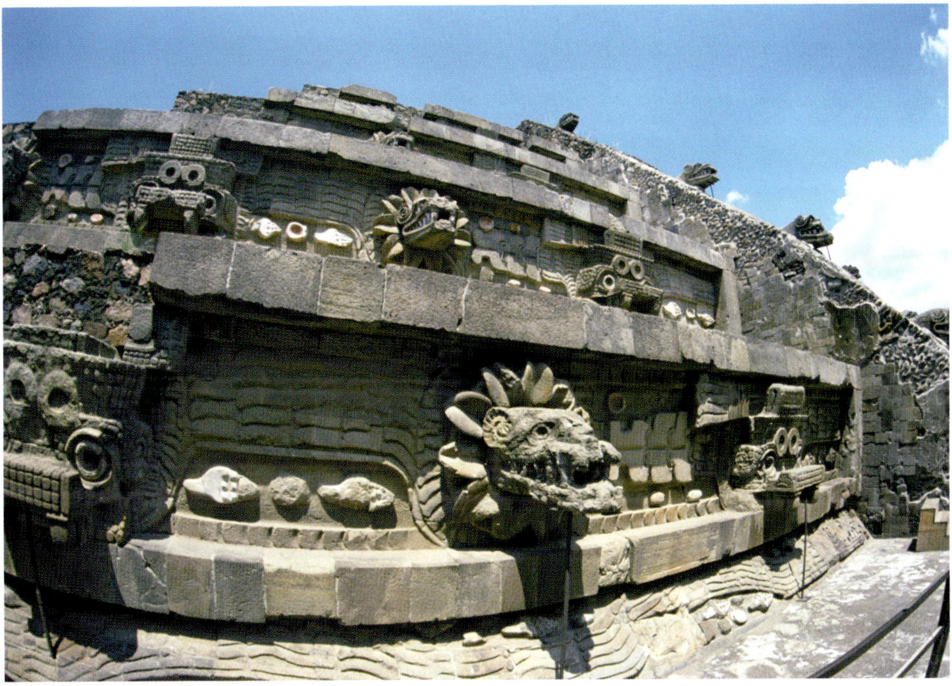

▸ 99

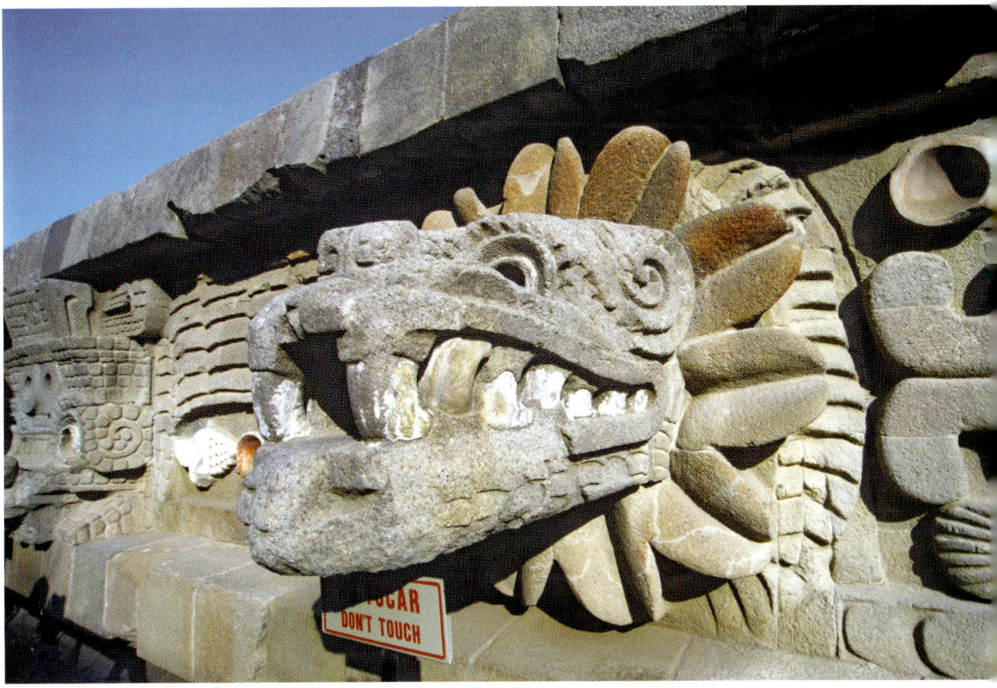

▸ 100

▶ 101

denen niemand so richtig schlau wird. Zwar wird von einem Jaguar- oder Pumagott gesprochen, doch was er ausspeit oder auffrisst, ist undefinierbar (Bild 101), genauso wie die fliegenden Köpfe mit ihrem verwirrenden Aufbau. (Bild 102)

Inzwischen hat sich Teotihuacán als grandioses Modell unseres Sonnensystems erwiesen. Herausgefunden hat dies der US-Ingenieur Hugh Harleston jr., der sich jahrelang mit Teotihuacán beschäftigte. [26] Als Ingenieur sagte sich Harleston, jeder Planung liege ein einheitliches Maß zugrunde, und er fand in Bauwerken Teotihuacáns überall eine Maßeinheit von 57 Metern. Entweder ermittelte er an Gebäuden oder Tempelplattformen Seitenlängen von 57 Metern oder einem Vielfachen davon, oder die Bauten standen in Distanzen, die durch 57 teilbar waren. Am *Camino de los Muertos* liegen alle Bauwerke 114 (2 × 57) bzw. 342 (6 × 57) Meter voneinander entfernt. Die Mauer der Zitadelle misst exakt 399 (7 × 57) Meter.

Harleston fahndete nach einer kleineren Maßeinheit: Er teilte 57 durch 3. Das Resultat – 19 – sprach auf mehrere Bauwerke an, deren Seitenlängen exakt 19 Meter aufwiesen. Von seinem Beruf her noch kleinere Maßeinheiten gewohnt, suchte er nach der kleinsten Maßeinheit, die auf alle Bauwerke Teotihuacáns passte. Er fand sie mit 1,059 Metern. Diesem Maß gab er den Namen Hunab – ein Maya-Wort, das so viel wie »Einheit« bedeutet. Alle gemessenen Daten ergaben Serien von mehreren Hunab.

Quetzalcoatl-Pyramide, Sonnen- und Mondpyramide sind 21, 42 und 63 Hunab hoch. Sie stehen damit zueinander im Verhältnis von 1 : 2 : 3. Der Computer errechnete Erstaunliches: Der Grundriss der Quetzalcoatl-Pyramide entsprach dem millionsten Teil des Polradius (= Umfang der Erde am Polarkreis). An der Zitadelle entdeckte Harleston mehrere pythagoräische Dreiecke, die Zahl Pi sowie die Zahl 299 792, die uns von der Lichtgeschwindigkeit her bekannt ist (299 792 km/h).

Die Pyramidenstümpfe und Plattformen der Zitadelle standen für die durchschnittlichen Bahndaten der Planeten Merkur, Venus, Erde und Mars. Direkt hinter der Zitadelle fließt der San-Juan-Bach in einem von den ursprünglichen Erbauern künstlich angelegten Kanal. Dieser Kanal lag genau da, wo

▶ 102

► 103

► 104

in unserem Sonnensystem der Asteroidengürtel zwischen Mars und Jupiter liegt. Ein Bach mit vielen Steinen symbolisierte den Asteroidengürtel mit seinen Hunderttausenden von Brocken hervorragend. Stück für Stück entpuppten sich die Bauwerke an der »Straße der Toten« als ein Modell unseres Sonnensystems. (Bild 103) In der verlängerten Linie hinter der Mondpyramide (Bild 104) liegt ein Hügel. Dort fand Harleston auch die Ruinen von kleinen Tempelchen, die ursprünglich für die äußeren Planeten Neptun und Pluto gestanden hatten. Alle Distanzen stimmten, präzise gemessen in Hunabs.

Damit wird's astronomisch. Zur Zeit der Entstehung von Teotihuacán, unabhängig davon, ob dies vor zwei- oder viertausend Jahren geschah, konnten die Erbauer nichts wissen vom Asteroidengürtel zwischen Mars und Jupiter. Auch die Planeten Uranus, Neptun und Pluto waren damals unbekannt. Uranus wurde erst 1781 entdeckt. Neptun kam 1846 auf die Planetenliste und der Winzling Pluto sogar erst 1930. Neuerdings hat die *IAU* (International Astronomical Union) dem Winzling Pluto den Status eines Planeten abgesprochen. Mit seinen 6000 Kilometern Durchmesser sei er zu klein für einen Planeten, argumentierten die Astronomen. Das ändert nichts daran, dass Pluto auch schon vor Jahrtausenden seine Bahn um die Sonne zog. Ob man ihn jetzt als »Planeten« oder »Zwergplaneten« einstuft, spielt keine Rolle.

► 105

Selbstverständlich haben Menschen die Drecksarbeit von Teotihuacán geleistet. Es waren Menschen, die die Lehmziegel trockneten, die Steine transportierten und aufeinandertürmten. Menschen haben Tunnel ausgebuddelt und farbige Chemikalien gemischt. Doch die Dirigenten dahinter kamen von woanders. Überall in der Vergangenheit vollbrachten Menschen gewaltige bauliche Leistungen. Wozu? Woher der Ansporn, die Begeisterung? Die Antwort lautet stets: für die Götter. Den Göttern zu Ehren, um den Göttern zu gefallen, um von den Göttern geliebt und nicht bestraft zu werden. Deshalb entstanden weltweit die phänomenalen Zeremonialstätten. Diese Götter waren keine Naturgewalten, keine Sonne, kein Mond, kein Vulkanausbruch. Weshalb nicht? Weil die Götter gesprochen haben, weil sie präzise Anweisungen erteilten und viele Menschen unterwiesen, festgehalten in unzähligen Überlieferungen. Die Götter selbst haben sich ihre Finger nie schmutzig gemacht. An der praktischen Schwerarbeit beteiligten sie sich nicht (abgesehen vom Bau kleiner Basislager für sich selbst).

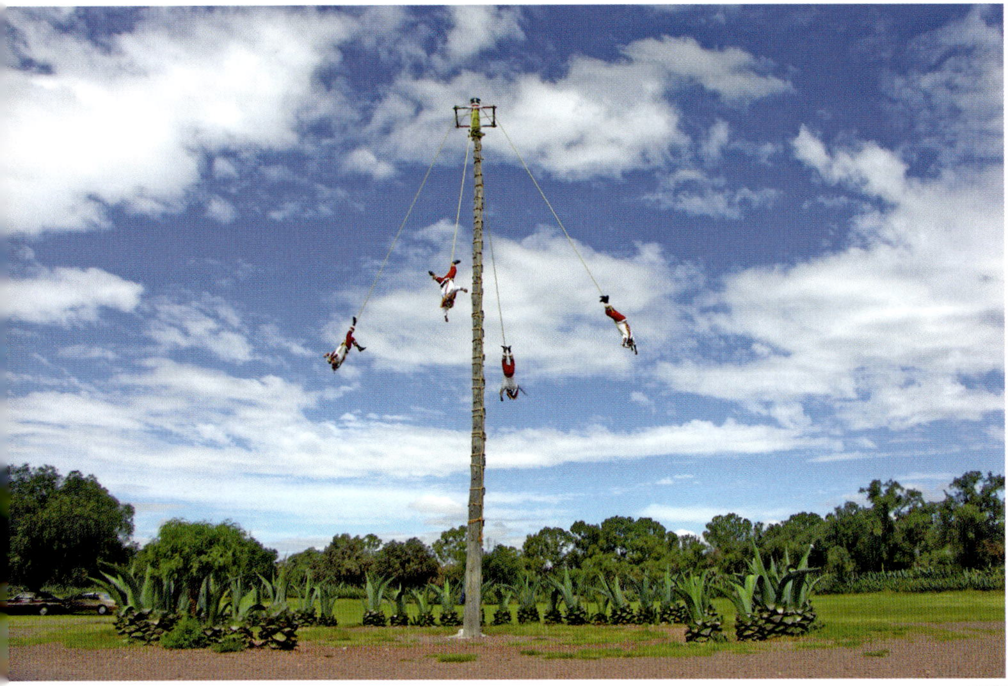

▶ 107

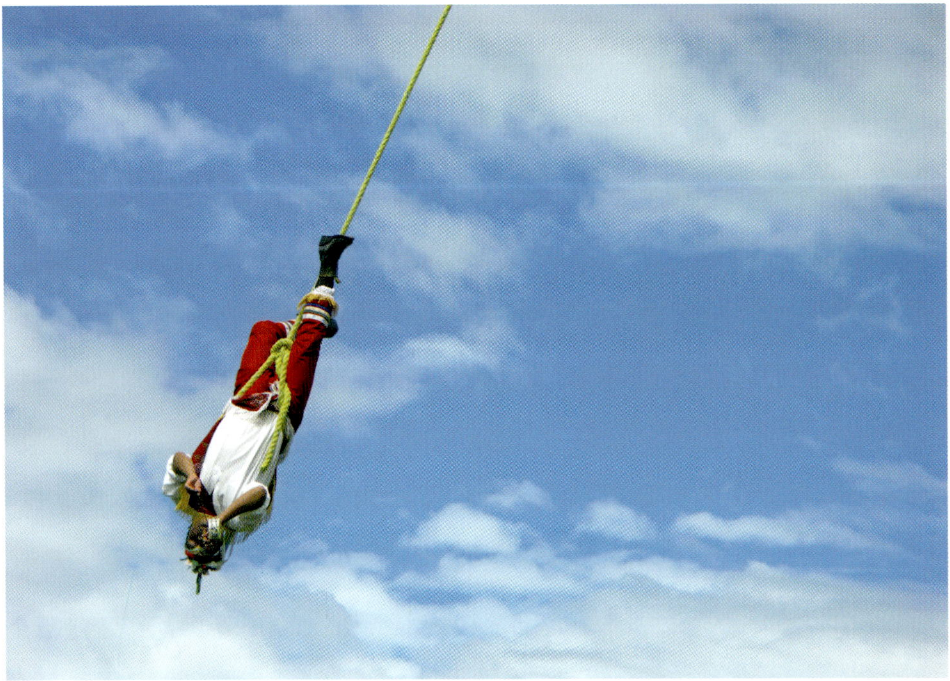

▶ 108

In Teotihuacán – und anderswo im Maya-Land – wird heute noch tagtäglich die Niederkunft der Götter demonstriert. Auf dem großen Platz vor der Zitadelle steht ein zirka 30 Meter hoher Holzmast, fest im Boden verankert. Vier Indios in bemalten Hemden und farbenfrohen Kapuzen stellen sich davor und setzen kleine Flöten an die Lippen. Mal mit gesenkten, mal mit himmelwärts emporgerissenen Köpfen tanzen sie um den Mast. Einer unter ihnen schlägt eine kleine Handtrommel. Dann klettert jeder den Mast empor und zieht dabei ein Seil hinter sich her. Hoch oben an der Spitze wird das Seil um das rechte Fußgelenk geknotet. Auf ein vereinbartes Signal kippen alle vier Männer rückwärts vom Mast in die Tiefe. Das Seil verhindert einen abrupten Sturz, die Männer drehen sich in weiten Kreisen um den Mast. Ihre Arme sind wie Flügel ausgebreitet. (Bild 105 bis 109) Die Länge der Seile ist so berechnet, dass jeder Indio genau 13 Mal den Mast umrundet, bevor er, den Kopf voran, mit den Händen die Erde berührt. Dies alles hat seine Bedeutung im Maya-Kalender. Es sind vier Indios mit 13 Umrundungen, also 4 × 13 = 52. Zweiundfünfzig Jahre sind ein Kalenderzyklus. Die Maya glaubten, alle 52 Jahre – oder Vielfache davon – würden die Götter von den Sternen wieder zur Erde zurückkehren.

Diese Flieger nennen sich »Los Voladores«, und die Show ist nichts anders als praktizierte Mythologie, betrieben seit Jahrhunderten bis auf den heutigen Tag. Wie war das mit den sogenannten »Bienengöttern« von Tulum? Auch sie wurden mit dem Kopf voran in Stein gemeißelt.

Astronomen und Mathematiker betreiben eine exakte Wissenschaft. Bei ihnen muss jede Zahl stimmen und überprüfbar sein. In seinem Buch *Teufelswerk* beweist der Mathematiker Paul H. Krannich blitzsauber eine Verbindung zwischen den großen Pyramiden von Giseh (Ägypten) und Teotihuacán. [27] Hinter beiden Orten steckten die gleichen Lehrmeister. Es führt – mathematisch betrachtet – kein Weg daran vorbei. Unabhängig davon bestätigt der Astronom Dr. Wolfgang Feix ebenfalls eine mathematische Verbindung zwischen beiden Orten. [28] Zusätzlich postuliert Feix, die Sonnenpyramide von Teotihuacán enthalte eine Botschaft, die sich auf *Alpha*

▶ 109

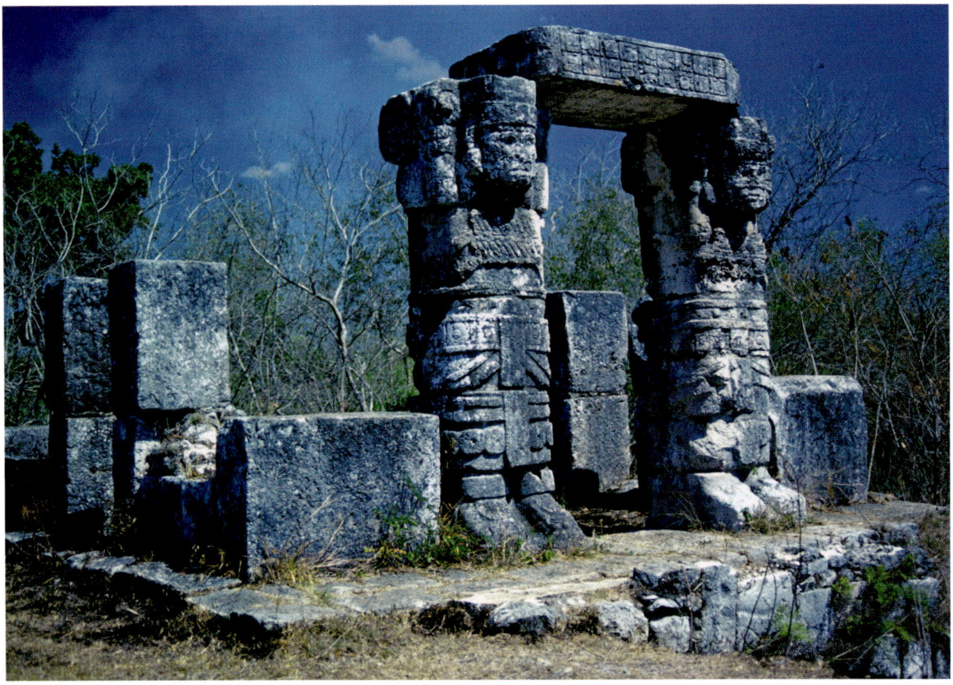

► 110

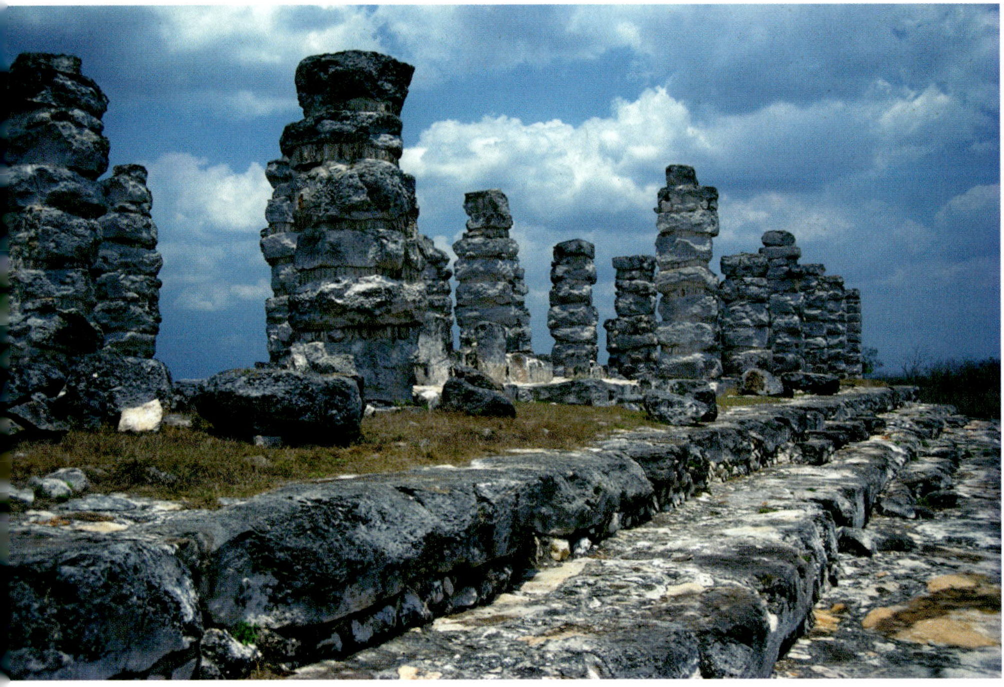

► 111

Centauri beziehe, also den der Erde am nächsten gelegenen Stern. Früher meinten die Fachleute, um *Alpha* und *Proxima Centauri* würden keine Planeten kreisen. Inzwischen sieht man das anders. Berechnungen anhand von Daten des NASA-Teleskops *Kepler* deuten auf mindestens 50 Milliarden Planeten allein in unserer Galaxis hin. Ein Prozent davon – und dies ist der absolut unterste Wert! – bewegt sich in Zonen um ihre Sonne, die nicht zu heiß und nicht zu kalt sind. 500 Millionen Planeten in der sogenannten Ökosphäre, der Lebenszone. Wetten, dass die Zahlen sehr schnell nach oben schnellen? Und wetten auch, dass in den unterirdischen Gruften von Teotihuacán etwas Außergewöhnliches auftaucht? – Sofern es uns Normalbürgern nicht genauso vorenthalten wird wie die angeblichen Kultgegenstände im Sarkophag unter dem »Templo Nr. 16« von Copán. Oder die Kammern unter dem Pyramidenplateau von Giseh (Ägypten). Wie anderswo gibt es auch in der Archäologie einige sehr ernste Menschen, Bedenkenträger also, die sich selbst für höchst verantwortungsbewusst halten. Andere dürfen nicht wissen, was sie wissen. Doch im elektronisch vernetzten Zeitalter, in einer Welt der kurzen Distanzen, wird die Geheimniskrämerei zur Dummheit. Sie schadet exakt der Zunft, die sie betreibt: der Archäologie.

Nicht nur Teotihuacán ist ein steinernes Denkmal für die Götter – das Gleiche gilt auch für die heutige Touristenmetropole Chichén Itzá in Yucatán. Früher unterschieden die Fachleute zwischen einem »neuen« und einem »alten« Reich der Maya. Das Chichén Itzá der Touristen zählt zum »neuen« Reich, entstanden erst gegen 800 n. Chr. Das alte Chichén Itzá – Chichén Viejo genannt – bekommt der Besucher erst gar nicht zu sehen. (Bild 110 und 111) Die Ursprünge des alten Chichén Itzá liegen im Dunkeln. Wenn heute eine Kirche zerfällt, wird eine neue erbaut. Dabei bleiben die christlichen

Symbole erhalten, sie überdauern den Zerfall des alten Bau-
werks. Genauso war es in Chichén Itzá. Der Hauptgott von
Chichén Itzá war Kukulkan oder Kukumatz (bei den Azteken
Quetzalcoatl). Gemeint ist immer die gleiche Figur, und dieser
Kukulkan soll der Überlieferung zufolge von einem fernen
Land oder gar vom Morgenstern zu den Maya gekommen
sein. In Chichén Itzá ist er als geflügelte Schlange oder als
strahlenbekränztes, himmlisches Wesen allgegenwärtig. (Bild
112 und 113) Gemäß den alten Erzählungen verbarg sich das
Gesicht dieses Gottes Kukulkan hinter einer Maske. Er soll
einen seltsamen Hut getragen haben und mit leuchtenden
Hals- und Fußkettchen geschmückt gewesen sein. Die meso-
amerikanischen Völker überlieferten, von diesem Gott hätten
sie die Wissenschaften der Mathematik und der Astronomie
gelernt, doch habe er auch die Handwerkskünste vermittelt
und Gesetze erlassen. [29] Seine Geburt wird als übernatürlich

▶ 112

▶ 113

geschildert, und nach getaner Entwicklungshilfe soll er »an das Ufer des Himmelswassers« [30] gezogen sein und sich aus freien Stücken verbrannt haben. So wurde er in der Vorstellungswelt der Maya zum Morgenstern. Eine andere Version behauptet, er sei zum Himmel entrückt, und eine dritte will gar wissen, Kukulkan habe ein magisches Floß von Schlangen bestiegen und sei in seine Heimat zurückgekehrt. Doch allen Überlieferungen ist gemein, dass Kukulkan versprochen habe, in einer fernen Zeit wiederzukommen.

Doch der ursprünglichste, »echte« Kukulkan war eine »Himmelsschlange«, ein »Himmelsungeheuer«, das »in Abständen auf die Erde kommt«. [31] Dieser unvergleichliche Kukulkan war von allem Anfang an eng mit Itzamná, dem höchsten Himmelsgott der Maya, verbunden. Er war der Herr des Himmels, der in den Wolken thronte. Als alter Mann dargestellt, war sein Körper mit Planetensymbolen und astronomischen Zeichen verziert, und – Widersprüche hin oder her – er galt zugleich als eine Art doppelköpfiger Drache.

Kukulkan zu Ehren blühte die Astronomie im gesamten Reich der Maya. Das Observatorium von Chichén Itzá gleicht auf den ersten Blick einer modernen Sternwarte. (Bild 114) Auf drei Terrassen erhebt sich der Rundbau weithin über den Dschungel. Im Innern führt eine Wendeltreppe zum obersten Ausguck. Da gibt es Luken und Öffnungen, die auf bestimmte Sternkonstellationen der Maya-Welt ausgerichtet sind. Die Maya befassten sich intensiv mit dem Mars, dem Jupiter, dem Saturn, dem Polarstern sowie den Sternbildern des Orion, der Zwillinge und der Plejaden. Sie kannten die Umlaufbahn der Erde um die Sonne mit 365,2421 Tagen. Auch die Beziehungen der verschiedenen Planeten zueinander waren ihnen vertraut. Wenn der Mars am Punkt X steht, wo steht dann die Venus in Relation zum Jupiter? Die Maya wussten es. Sie errechneten die Bahndaten der Venus um die Sonne derart genau, dass sie im Zeitraum von 6000 Jahren nur um einen einzigen Tag abwichen. [32, 33] Dabei existierten die Maya gar keine 6000 Jahre. Sie müssen ihre Informationen von einer älteren Kultur oder von irgendwelchen himmlischen Lehrmeistern übernommen haben. Selbst eine Finsternistafel kannten die Maya, auf welcher jede in jenem geografischen Raum überhaupt mögliche Finsternis der Vergangenheit und der Zukunft ablesbar war.

▶ 114

Bezüglich der unbegreiflichen Daten der Maya-Astronomie schockierte Prof. Dr. Robert Henseling schon vor 60 Jahren die Gelehrtenwelt. Henseling hatte sich jahrelang mit der Maya-Astronomie befasst und kam zu folgendem Schluss:

»Es kann nicht bezweifelt werden, dass den Maya-Astronomen Gestirnskonstellationen, die Jahrtausende zurücklagen, nach Art und Tag zuverlässig bekannt waren. […] Dies wäre unverständlich, wenn nicht in jener Vorvergangenheit, d. h. Jahrtausende vor Beginn der christlichen Zeitrechnung, die entsprechenden Beobachtungen *von irgendwem irgendwo gemacht und der Nachwelt zuverlässig überliefert worden wären.*« Und weiter: »Solche Leistungen setzen aber notwendig voraus, *dass schon in jener Vorvergangenheit eine Entwicklung von sehr langer Dauer stattgefunden hatte.*« [34; Hervorhebungen durch den Autor]

Oder andersherum: Die sogenannten Götter unterwiesen einige kluge Maya-Burschen in Astronomie.

Noch während der spanischen Eroberungen und danach entstanden in Zentralamerika die Chilam-Balam-Bücher. *Chilam* bedeutet »Prophet« oder »Übersetzer der Götter«, *balam* heißt »Jaguar«. Diese Bücher werden voneinander unterschieden, indem der jeweilige Aufbewahrungsort zum Namen hinzugefügt wird. So gibt es ein Chilam-Balam-Buch von Mani, eines von Balam, ein anderes von Chumayel, von Ixil, von Tekax und so weiter. Die Bücher, in lateinischen Buchstaben, aber in yukatekischer Sprache verfasst, entstanden zwischen dem 16. und 18. Jahrhundert. Der Inhalt wurde von vielen Priestern zusammengetragen und von vielen Fingern niedergeschrieben. Das Ganze ist eine Mixtur aus alten Geschichten und verworrenen Prophezeiungen – eine oft schwer durchschaubare Lektüre. Die Quellen hingegen, aus denen die Priester ihre Informationen bezogen, waren uralt. Diese Originalquellen fehlen ganz einfach deshalb, weil die Spanier alle Maya-Handschriften vernichteten (bis auf drei, von denen zwei kaum entzifferbar sind). Man mag sich fragen, was denn knapp 500 Jahre alte Bücher noch über den Ursprung der Menschheit und die Götter zu berichten hätten. Nun, ich kenne beispielsweise Muslime, die, Sure für Sure, den Koran hersagen können. Mir begegneten Christen, die das Neue Testament im Kopf haben, und Juden, die auf der Stelle die Thora – den Pentateuch mit den fünf Büchern Mose – aus dem Gedächtnis abrufen. Wenn auch nicht Wort für Wort auswendig, kennen viele Gläubige ihre Religionen dem wesentlichen Inhalt nach. Wenn in einem schrecklichen Krieg alle Bibeln zu Asche würden, doch einige Priester und fromme Laien würden überleben, könnte die Heilige Schrift aus den Erinnerungen auferstehen und wieder aufgezeichnet werden. Gleiches geschah im Zentralamerika des 16. Jahrhunderts. Priester und Stammesälteste sammelten Erinnerungen, Überlieferungen aus der Zeit der Götter. Nur das Papier, auf dem alles aufgezeichnet wurde, ist neu. Die Erschaffung der Erde liest sich im Chilam-Balam-Buch von Chumayel so:

»Dies ist die Geschichte der Welt, wie sie in alten Tagen niedergeschrieben wurde, denn die Zeit ist noch nicht vorüber, derartige Bücher zu machen. […] sodass die Maya-Leute erfahren mögen, wie sie in diesem Land geboren wurden. […] Es geschah im Katun 11 Ahau (Datum), als Ah Mucencab (herniederfahrender Gott) erschien. Damals war es, als Feuer hernieberfuhr, dann fiel das Seil hernieder, anschließend die Felsen und Bäume.« [35]

Im Chilam-Balam-Buch von Mani wird gar die Herniederkunft jener Götter erwähnt:

»Dies ist der Bericht von der Herniederkunft von einem Gott, den dreizehn Göttern und den eintausend Göttern, welche die Priester Chilam-Balam, Xupan, Nauat […] unterwiesen.« [36]

Neben diesen Chilam-Balam-Büchern existierten in Zentralamerika auch noch die altmexikanischen Handschriften – ein Kunterbunt von Texten mit vielen Bildern, aufgestöbert vom pfiffigen Abbé Brasseur de Bourgbourg. Dieser Abbé Brasseur war ein Sprachgenie. Er hatte in Mexiko Aztekisch gelernt und konnte mithilfe von Azteken-Priestern die alten Handschriften entziffern. Einer dieser Handschriften gab Brasseur den Namen seines indianischen Lehrers: Chimalpopoca. Deshalb heißt die Schrift *Codex Chimalpopoca*. [37] Diesem Codex zufolge erschufen die Götter zuerst Himmel und Erde, dann fiel der Feuerbohrer hernieder. Danach beratschlagten die Götter, wer von ihnen künftig auf der Erde wohnen sollte:

»Kummervoll erwägen es die mit dem Sternengewand, der Sternenreiche, die Herrin im Wasser, der über die Leute kommt, die Erde stampft, Quetzalcoatl.«

Im selben Codex wird auch behauptet, erst im fünften Zeitalter sei die Sonne sichtbar geworden, und in diesem Weltalter

»[…] wurde gegründet die Erde, der Himmel und die vier Arten der menschlichen Bewohner«. Es bleibt unerfindlich, woher die alten Mexikaner etwas von den vier Arten der menschlichen Bewohner wussten.

Geradezu dramatisch werden ein gespenstischer Weltenbrand und die sich zu einer unheimlichen Nacht verdunkelnde Sonne beschrieben:

»Die zweite Sonne war gegründet. Vier Jaguar war ihr Tageszeichen. Sie heißt Jaguarsonne. In ihr ereignete es sich, dass der Himmel einstürzte und die Sonne damals nicht ihren Weg verfolgte. Mittag ist es gerade eben, gleich darauf ward es Nacht.«

Wovon ist hier die Rede? Von einem Polsprung? Einer abrupten Verschiebung der Erdachse? Doch zur absolut globalen Katastrophe wurde das unbegreifliche Schauspiel im Zeitalter der dritten Sonne:

»Sie heißt Feuer-Regensonne. In diesem Zeitalter geschah es, dass es Feuer regnete und die Bewohner verbrannten. […] Die Alten erzählen, damals wurden die steinigen Sande verstreut, die wir jetzt sehen, und es schäumten die blasigen Andesitlaven, und damals lagerten sich ab die verschiedenen rötlichen Felsen.«

Bekanntlich liegt zwischen Mars und Jupiter eine unnatürliche Lücke, in der sich Abertausende von Asteroiden tummeln. Bis heute ist die Entstehung dieses Asteroidengürtels umstritten. Eine der Theorien besagt, die Trümmer stammten von einem explodierten Planeten. Die Beschreibung im *Codex Chimalpopoca* würde vorzüglich zu dieser Theorie passen. Die Explosion eines Planeten in unserem Sonnensystem würde die Sonne für Monate oder gar Jahre verfinstern. Kosmischer Staub würde durch das Sonnensystem ziehen, glühende Trümmer würden auf der Erde einschlagen. Weißglühende Bomben würden die dünne, empfindliche Haut unseres Planeten zerfetzen, ihn schütteln und rütteln – nicht nur durch die kosmischen Geschosse, sondern auch durch die Verschiebung der

Anziehungskräfte im Sonnensystem. Der explodierte Planet brächte die komplizierte Struktur der Bahnen unserer Planeten aus dem Gleichgewicht. Überflutungen, verdunkelte Sonne und Feuerregen wären die logische Folge. Den Erdbewohnern müsste es vorkommen, als würde der Himmel brennen und auf sie einstürzen. Alle Elemente würden toben, die Meere sich über die Landmassen ergießen, Orkane die Wassermassen peitschen und überall Vulkane aufbrechen.

War es das, was im *Codex Chimalpopoca* überliefert wurde? Die Fortsetzung des Dramas ist im *Popol Vuh* beschrieben, dem heiligen Buch der Quiché-Maya. Dort liest man, wie die Menschen ziellos umherirrten und mühsam Schutz vor den entfesselten Gewalten suchten. Dem Verhungern nahe, trafen nach und nach immer mehr Indianer auf der Kuppe des Berges Hacawitz – der auch »Rastplatz« heißt – ein. Frierend standen sie in der endlosen Nacht, kauerten bei ihren Götterbildern, begriffen nicht, was geschehen war:

»Keinen Schlaf gab es für sie, keine Ruhe. Groß war die Wehklage im Innersten ihres Herzens, dass der Tag nicht anbrechen, dass es nicht hell werden sollte. Nur Verzagtheit war in ihren Mienen, große Trauer und Niedergeschlagenheit kam über sie, ganz verwirrt waren sie vor Pein. […] O sähen wir doch nur die Sonne geboren werden, sagten sie und redeten viel miteinander. […] Dann nun kam die Sonne hervor. Und es freuten sich kleine Tiere und große Tiere, standen allesamt auf an den Flussläufen und in den Schluchten; und die auf den Gipfeln der Berge waren, hefteten vereint ihre Blicke dahin, wo die Sonne hervorkam.« [38]

Großzügig gerechnet, wird dem Maya-Reich eine Dauer von 1500 v. Chr. bis 1600 n. Chr. zugemessen. In dieser Zeitspanne ereignete sich aber keine globale Katastrophe. Die Ägypter, Babylonier, Griechen und auch die Römer hätten darüber berichtet. In den letzten 3000 Jahren hat sich die Sonne nicht verdunkelt, hat der Himmel nicht gebrannt, hat keine Flut das Antlitz der Erde zerstört, sind keine »Götter« vom Firmament herabgestiegen. Also muss man davon ausgehen, dass die Chroniken der mittelamerikanischen Indianer Ereignisse schilderten, die sich vor der Zeit ihrer eigenen Existenz zugetragen hatten.

Hierher gehört ein Querverweis nach Griechenland. Dort trafen sich um 400 v. Chr. die Philosophen Platon, Sokrates und andere. Ihre Gespräche wurden von Studenten, die hinter ihnen saßen, penibel genau mitgeschrieben. Im Dialog »Kritias«, in dem es um Atlantis geht, versichert Platon, die Ägypter hätten alle Daten von alters her in schriftlichen Urkunden in den Tempeln niedergelegt und vor dem Untergang bewahrt. [39] Nach Aufzeichnung dieser Tempelurkunden habe ein Krieg zwischen Atlantis und dem Festland stattgefunden, und dies sei vor 9000 Jahren gewesen. Rechnet man die Zeit von heute bis Platon dazu, wären es mehr oder weniger 11 400 Jahre. Seltsam, denn über ähnliche Jahreszahlen berichtet auch der griechische Geschichtsschreiber Herodot. Man nennt ihn den »Vater der Geschichtsschreibung«. Im 2. Buch seiner *Historien* erzählt Herodot über seinen Besuch in Theben, dem heutigen Luxor. Die Priester hätten ihm 341 Statuen gezeigt und jeweils einen kurzen Kommentar dazu gegeben. Diese 341 Statuen entsprächen 11 340 Jahren. Vor diesen 11 340 Jahren seien die Götter auf Erden gewesen: »Seit diesen 11 340 Jahren hat es keinen Gott in Menschengestalt mehr in Ägypten gegeben. […] Das wollen die Ägypter ganz bestimmt wissen, weil sie beständig die Jahre der Könige und Oberpriester berechneten und aufschrieben.« [40]

Weshalb existieren keine schriftlichen Zeugnisse aus jener Zeit, die über 10 000 Jahre zurückliegt? Schlag nach bei Platon:

»Der Grund dafür ist folgender: Zahlreich und manigfaltiger Art sind die vernichtenden Verheerungen, die über das Menschengeschlecht hereingebrochen sind und hereinbrechen werden, die gewaltigsten durch Feuer und Wasser, andere, minder große, durch tausenderlei andere Ursachen. Denn was auch bei euch erzählt wird, nämlich, dass einst Phaethon, des Helios Sohn, die Lenkung von seines Vaters Gespann an sich nahm, aber unfähig, des Vaters Bahn einzuhalten, und weite Landstrecken durch Brand verheerte, und selbst durch einen Blitzstrahl umkam, das hört sich zwar wie ein Märchen an, *in Wahrheit aber handelt es sich um eine Abweichung der die Sonne umkreisenden Himmelskörper und um eine in langen Zeiträumen sich wiederholende Verheerung der Erdoberfläche durch massenhaftes Feuer.*« [Hervorhebung durch den Autor]

Wenn Platon recht hat, hätte sich vor x Jahrtausenden eine planetare Katastrophe in unserem Sonnensystem abspielen müssen: »[…] *um eine Abweichung der die Sonne umkreisenden Himmelskörper [...]*«. Woher wusste man vor und 2400 Jahren etwas von den Planetenbahnen? Im 17. Jahrhundert sollte Galileo Galilei wegen seiner »Planetenbotschaft« umgebracht werden. Die Inquisition wollte es so. Doch alles, was Galileo dozierte, hätte man bereits bei Platon nachlesen können. Zudem hätte eine planetare Katastrophe auch andere Völker auf der Erde betroffen. Schließlich ist die Erde eine Kugel, die sich alle 24 Stunden einmal um die eigene Achse dreht.

Platon im alten Griechenland sagt im Grunde nichts anderes als das, was bei den Maya überliefert wurde. Dort wird vom einem Weltenbrand berichtet, von einer Sonne, die verschwand, von fürchterlichen Naturkatastrophen, all dies verursacht durch die Abweichung der die Sonne umkreisenden Himmelskörper. Die Maya lieferten einige dramatische Einzelheiten zum selben Ereignis, von dem Platon sprach.

Für die Maya galt auch in ihrer »neuen Welt« die Astronomie als die vortrefflichste aller Wissenschaften. Sie waren regelrecht besessen davon. Dabei scheinen alle Himmelsbeobachtungen in zwei Hauptkategorien einteilbar zu sein: 1. Veränderungen und Bewegungen am Firmament, 2. kosmische Katastrophen. Dies bestätigt der franziskanische Missionar und Kulturforscher Bernardino de Sahagún (1500–1590). Er erforschte nicht nur die Sprache der Azteken, sondern auch die der Nahua. Diese Gruppe indianischer Stämme existierte schon zu Zeiten der Tolteken – um das Jahr 100 v. Chr. Ihre Sprache, das Nahuatl, wurde zu Zeiten von Bernardino de Sahagún vom überwiegenden Teil der ländlichen Bevölkerung gesprochen. Bernardino de Sahagún war Leiter des Kollegs von Santa Cruz an der Karibikküste. Unzählige Indios gingen dort ein und aus, Sahagún setzte sich wochenlang mit ihnen zusammen, pflegte Freundschaften und bat sie, ihm zu berichten, was sie über die Vergangenheit ihrer Stämme wussten. So entstand ein Protokoll von Aufzeichnungen, die *Historia general de las cosas de la Nueva España* (»Allgemeine Geschichte der Dinge in Neu-Spanien«). Dort schildern die Indios ihre Ängste vor den Phänomenen am Firmament:

»Wenn die Nacht hereingebrochen war, fürchtete man sich sehr, man erwartete, wie es hieß, dass der Feuerbohrer nicht glücklich herabfiele. Dann würde man zugrunde gehen, würde man am Ende sein, es würde ganz Nacht werden. Die Sonne würde nicht mehr aufgehen, sodass es völlig dunkel werde. Es würden Tzitzitzimi-Ungeheuer heruntergestürzt kommen und die Menschen vernichten. […] und keiner ließ sich auf dem Erdboden hernieder, so sagte man, sondern man stieg auf das flache Dach hinauf. Und dermaßen war jeder in Zauberglauben befangen, dass er sich vor dem Himmel in Acht nehmen sollte, vor den Sternen, deren Namen ›die Vielen‹ und ›der Feuerbohrer‹ ist.« [41]

In der *Historia general* wird auch von »rauchenden Sternen« gesprochen, wobei nicht klar wird, ob Meteore oder Sternschnuppen gemeint sind. Und als die Sonne verschwand, beobachteten selbst einige Götter verstört das Firmament:

»Wie man sagt, waren die, welche dorthin schauten, Quetzalcoatl, dessen Beiname Ecatl ist; dazu Totec, oder der Herr des Ringes; dazu der rote Tezcatlipoca; dazu die, welche sich Wolkenschlangen nennen.« [41]

Derselbe Franziskanermönch, Bernardino de Sahagún, beschrieb auch ein Ballspiel, das sowohl die Maya als auch die Azteken im Hochland praktizierten und das ursprünglich von den Göttern zur Erde gebracht worden sei. Bei den Azteken nannte man das Spiel Tlachtli, und eine aztekische Mannschaft demonstrierte ihr Tlachtli sogar am spanischen Hof. Das kam so:

Nachdem Hernando Cortez (1485–1547) Zentralamerika unterworfen hatte, geriet er daheim unter Beschuss. Kaiser Karl V. (1500–1558) befahl ihn zur Anhörung an den spanischen Hof. Außer kostbarem Beutegut brachte der clevere Cortez eine aztekische Ballspielmannschaft nach Spanien und ließ sie vor der hohen Gesellschaft auflaufen. Gespielt wurde auf einem rechteckigen Hof von 40 × 15 Metern Fläche, die von einer Mauer umgrenzt war. Oberhalb, auf den Brüstungen, saßen die königlichen Herrschaften samt Gefolge. Durch viele tägliche Attraktionen mannigfaltiger Art verwöhnt, hatte man sich ziemlich gelangweilt niedergelassen. Doch bald verstummten die Gespräche der Herren in ihren Pluderhosen und Halskrausen, und die Damen hantierten schneller mit ihren elfenbeingeschmückten Fächern. Was sich da unten auf dem Spielfeld ereignete, war atemberaubend. Vergleichbares hatte man in der Alten Welt noch nicht gesehen.

Durchtrainierte, nur mit einem Lendenschurz bekleidete Azteken spielten mit einer fünf Pfund schweren, elastischen Kugel aus einem merkwürdigen Material, das sie »Gummi« nannten. Der Wettkampf hatte strenge Regeln: Die schwere, schwarze Kugel durfte nicht mit den Händen oder Füßen berührt werden, auch nicht auf den Boden tupfen. Der Ball war durch reaktionsschnelle Körperbewegungen aus der Hüfte, den

► 115

Schultern, den Ellbogen, Oberschenkeln oder Knien im Spiel zu halten. Im Hechtsprung warfen sich die Indianer dem Ball entgegen, schlugen ihn mit allen Körperteilen außer den Händen und Füßen einem Mitspieler zu. Der versuchte, die Hartgummikugel durch einen Steinring zu zirkeln, welcher in der Mitte des Spielfeldes in eine Mauer eingelassen war. Der Gegner sollte den Ball möglichst nicht erhalten, sonst versuchte er seinerseits, den Ball durch den Ring zu stoßen. Ein mörderisches Spiel, in dem Nasenbeine splitterten, Knochen brachen und Kopfballspieler in Ohnmacht fielen. »Manche Spieler wurden tot vom Platz getragen«, berichtete ein Augenzeuge, »oder sie trugen schwere Verletzungen am Körper davon«. [42]

Das Ballspiel, welches die Azteken vorführten, war Jahrtausende alt. Die Azteken hatten es bereits von den Maya übernommen, und die wiederum wollen es bei den Göttern abgeschaut haben. So berichtete denn auch Bischof Diego de Landa – derselbe, der die Maya-Handschriften zerstören ließ und gleichzeitig selbst ein Buch über die Maya verfasste – ursprünglich seien die Götter die Spieler gewesen. [43]

Wen wundert's, dass jeder größere Maya-Ort über einen Ballspielplatz verfügte. In Chichén Itzá existieren noch einige der alten – heute zum Teil restaurierten – Reliefs rechts und links des Spielfeldes. Und niemand wird schlau daraus. Bild 115 und 116 zeigen einen Priester – wenn es überhaupt einer ist (!) – mit einem Federschmuck auf dem Kopf, einem Röhrchen in der Nase und einem Ohrschutz. Die Gestalt steckt in einem schwülstigen, offenbar gepolsterten Overall, zugeknöpft mit einer Gürtelschnalle, aus welcher ein »Zepter« ragt. Der Knieschutz und dick besohlte Schuhe vervollständigen das Bild. Doch was hält die Figur eigentlich in den Händen? Mit vier Fingern wird definitiv ein Haltegriff umklammert, und daran befestigt ist ein rechteckiges Objekt. Der Gegenstand scheint Gefahr zu symbolisieren, die Tierschnauze mit dem Eckzahn deutet es an. Es gibt viele dieser Typen. Der Mann hinter ihm hält einen gleichartigen Gegenstand, diesmal Richtung Boden gewinkelt. Leicht abgeänderte Objekte werden von anderen »Priestern« getragen. (Bild 117) Cargo-Kult? Irgendeine den Göttern abgeguckte Technologie? Uns Neunmalklugen ist

▶ 116

bislang nichts Sinnvolles zu den technisch anmutenden Gegenständen eingefallen. Vage wird von Blutbehältern oder Schlangenköpfen gesprochen. Den Vogel schoss ein Reiseleiter ab, dem ich zuhörte, während er eine französische Gruppe durch den Ballspielplatz führte. Auf die Frage einer Dame, was denn die Gegenstände in den Händen bedeuten, meinte er: »Das sind Bügeleisen!« Ganz einfach, oder?

Alle Völker verehrten Götter, doch die Ansichten über diese Götter könnten nicht kontroverser sein. Im Maya-Land schälen sich die himmlischen Gestalten eindeutig aus den Überlieferungen. Reale, körperliche Gestalten, versteht sich. Und in Chichén Itzá brachten es die Priester und Architekten fertig, ihre herniedersteigenden Götter in einem Bauwerk zu verewigen, das heute noch steht: der Kukulkan-Pyramide. (Bild 118) Sie ist 30 Meter hoch, platziert auf einer quadratischen Grundfläche von 55,5 Metern Seitenlänge. Das Bauwerk besteht aus neun übereinanderliegenden Plattformen, die in der Mitte durch breite Treppen zerschnitten werden. Jede dieser vier Treppen hat 91 Stufen plus die oberste Plattform. Jede Stufe

▶ 118

▶ 119

steht für einen Tag. So ergeben sich 4×91 = 364 plus die oberste Plattform gleich 365 – die Tage eines Jahres. Jede Pyramiden-seite ist in 52 künstlerisch geschmückte Steinplatten gegliedert. 52 Jahre entsprechen dem kleinsten Maya-Kalenderrhythmus. (Bild 119 und 120) Während die ägyptischen Pyramiden stets nordsüdlich und ostwestlich ausgerichtet sind, läuft die Nord-Süd-Achse der Pyramide von Chichén Itzá diagonal durch das Bauwerk. (Bild 121) Das war Absicht. Durch die astronomische Ausrichtung, aber auch durch den Neigungswinkel der Pyra-mide und die neun übereinanderliegenden Plattformen ergibt sich Jahr für Jahr ein grandioses Schauspiel.

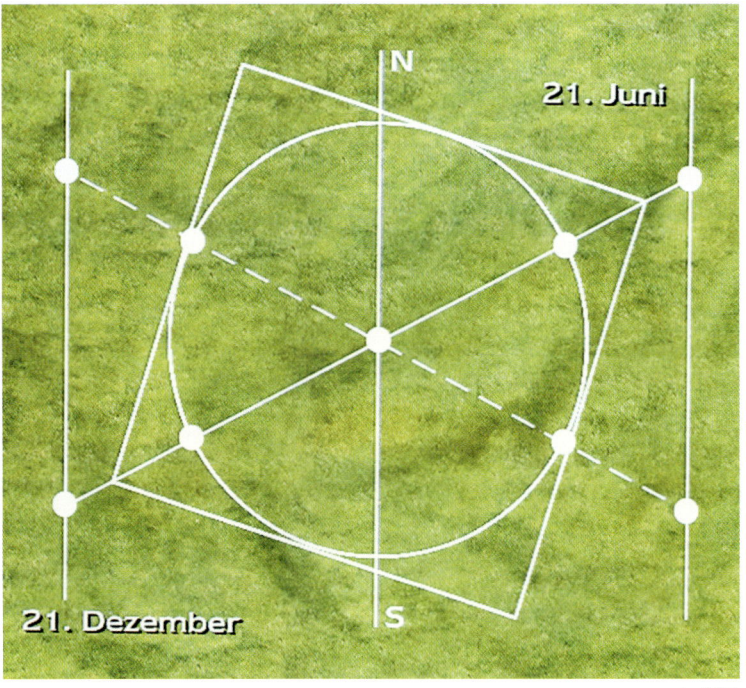

► 120

► 121

▶ 122

▶ 123

► 124

Am 21. März bei Sonnenaufgang strahlt die Sonne zuerst auf die östliche Pyramidenseite. (Bild 122) Während sie am Horizont allmählich höher steigt, zeigt sich auf der nördlichen Pyramidenfläche, und zwar exakt am Treppenrand, ein Band aus Licht und Schatten. Der Effekt entsteht durch die neun Abstufungen, den Neigungswinkel und die astronomische Ausrichtung. (Bild 123) Dann kriecht das Licht- und Schattenband langsam die Treppe hinunter und vereinigt sich am Ende der Stufen mit dem Kopf von Kukulkan. Nicht genug damit: Am 21. September wiederholt sich das Schauspiel auf der anderen Pyramidenseite mit umgekehrten Vorzeichen. Jetzt strahlt die Sonne zuerst auf den Kopf von Kukulkan am unteren Treppenrand. Je tiefer die Sonne sinkt, umso mehr kriechen dunkle, vom Sonnenlicht hart begrenzte Wellen langsam die Treppe hinauf. (Bild 124) Beim Sonnenuntergang leuchtet gerade noch das kleine Tempelchen an der Pyramidenspitze in einem bizarren Lichterbrei. Sowie die Sonne hinter dem Horizont verschwunden ist, löst sich der Spuk auf.

Das Ganze ist eine geniale Demonstration höchster Astronomie und Baukunst im Zeichen der Götter. Die Botschaft ist sternenklar: Gott Kukulkan stieg vom Himmel hernieder. Er weilte einige Zeit unter den Menschen, belehrte sie und verschwand wieder in seiner Sternenheimat, um irgendwann erneut aufzutauchen.

Die Kukulkan-Pyramide von Chichén Itzá belegt, wie Astronomen, Mathematiker, Architekten und Priester ihre Überlieferung dem Stein anvertrauten. Sie beweist aber auch, dass das gesamte theoretische Wissen, gepaart mit dem technischen Know-how von allem Anfang an vorhanden war. Es gab kein evolutionäres Herumproben an der Pyramide, keine dauernden Abänderungen und Verbesserungen. Bereits vor dem Bau musste die astronomische Ausrechnung genauso stimmen wie der Neigungswinkel der Pyramide und die Höhe der neun Plattformen. Ein perfekter Geniestreich, angelegt in der Vergangenheit für die zweifelnden Menschen der Zukunft.

► 125

Die neuesten Ausgrabungen belegen Verblüffendes: Die Kukulkan-Pyramide steht auf einer noch gewaltigeren Plattform. (Bild 125 bis 127) Die gesamte Architektur, der riesige Unterbau, musste schließlich schon stehen, bevor die Pyramide mit dem Kukulkan-Spektakel darauf errichtet wurde.

Dass die Maya die Wiederkunft ihrer Götter erwarteten, ist nicht nur in der Pyramide des Kukulkan in Chichén Itzá verewigt worden, sondern auch im Chilam-Balam-Buch von Tizimin:

»Sie stiegen von der Straße der Sterne hernieder. […] Sie sprachen die magische Sprache der Sterne des Himmels. […] Ja, ihr Zeichen ist unsere Gewissheit, dass sie vom Himmel kamen […] und wenn sie wieder vom Himmel herniedersteigen, werden sie neu ordnen, was sie einst schufen.« [44]

▶ 128

3. Kapitel

Kuriositäten am laufenden Band

An der Pazifikküste Guatemalas, unweit des Ortes Santa Lucia Cotzumalguapa, wurden bei Rodungsarbeiten im Jahre 1860 einige herrliche Maya-Stelen ans Licht gehoben (heute nennt man sie auch Bilbao-Monumente). Die einheimische Bevölkerung machte sich nichts daraus, denn immer wieder stießen Bauern auf behauene Steine. Die Kunde von dem Fund erreichte den Österreicher Dr. Habel, der die Gegend 1862 aufsuchte und Zeichnungen von den Stelen anfertigte. Die zeigte er später in Berlin dem damaligen Direktor des *Königlichen Museums für Völkerkunde,* Herrn Dr. Adolf Bastian (1826–1905). Der war begeistert, wollte die Stelen unbedingt seinem Museum einverleiben und reiste 1876 nach Santa Lucia Cotzumalguapa. Dort kaufte er dem Besitzer der Finca (Bauernhof) die Stelen ab und sicherte sich vertraglich das Recht auf zukünftige Funde zu. Doch der Weg von Guatemala nach Berlin wurde beschwerlich.

Im Dschungelgebiet von Santa Lucia Cotzumalguapa gab es weder Tieflader noch gepflasterte Straßen. Ein eilig herbeigerufener Ingenieur machte den Vorschlag, die Stelen der Länge nach in zwei Hälften zu zerschneiden und die Rückseite auszuhöhlen. So geschah es. Die Ungetüme wurden auf einen Ochsenkarren verladen und zum 80 Kilometer entfernten Hafen von San José transportiert. Beim Verladen auf das Schiff die nächste Panne: Eine Stele löste sich von ihren Seilen und versank im Hafenbecken – wo sie heute noch liegt.

Die übrigen acht Stelen erreichten Berlin und sind jetzt gleich am Eingang des dortigen Völkerkundemuseums zu bewundern. Eine Stele zeigt offensichtlich eine Opferszene mit einem Priester, der ein herausgerissenes Herz zum Firmament hält. Beim nächsten Bild reckt der Priester wieder etwas nach oben, was diesmal eher wie eine Gesichtsmaske aussieht. Über ihm senkt sich ein göttliches Wesen, von Flammenzungen umringt, der Erde entgegen. (Bild 128 bis 131) Die nächste Darstellung zeigt eine von Feuerflammen umgebene Gestalt, kopfüber herniederfahrend. Vor ihrer Brust baumelt eine Feuerscheibe, und dort, wo eigentlich die Füße hingehörten, sind die Rudimente von Flügeln erkennbar.

Die Fachwelt sieht in den Darstellungen eine »Ode an den Sonnengott«. Das ist mehr als dürftig. Ich bitte darum, die Bilder 80 bis 83 mit den Bildern 128 bis 131 zu vergleichen. In beiden Fällen stürzen die geflügelten Gestalten mit Kopf und Händen voran der Erde entgegen. Die Bilder 80 bis 83 stammen aus Tulum, einem Ort an der Karibikküste. Dort nennt man die herniederfahrenden Figuren »Bienengötter«, und dies, obschon die beschuhten Füße der Gestalten auf regelrechten Auflagestelzen ruhen. Und die Feuerflammen? Ich erinnere an die indischen Maruts: »Kommt her, ihr Maruts, vom Himmel, von der Luft [...] ihr blitzestrahlenden Männer mit den furchtbaren Geschossen [...].«

▶ 131

Es wird Zeit umzudenken. Aufgrund der sogenannten Fachliteratur und unserer zielgerichteten Erziehung sind wir auf einem Auge blind. Wir akzeptieren, was in klugen Büchern und im Internet geboten wird, und merken nicht, wie wir den Verstand zurückdrängen. Dabei möchte ich nicht behaupten, meine Betrachtungsweise sei die einzig richtige. Doch kann die bisherige Interpretation nicht der Weisheit letzter Schluss sein.

▶ 132

► 133

Einen ähnlichen Fall von missverstandener Technologie sehe ich in den Statuen von Tula, einem Ort 70 Kilometer nordwestlich von Mexico City. Die Gestalten – man nennt sie auch »Atlanten«, was immer das sein soll – thronen auf einer pyramidenförmigen Plattform. (Bild 132 und 133) Sie tragen Kästen auf der Brust, sogar die Aufhängegurte über den Schultern sind erkennbar. (Bild 134) Mit zwei Fingern umklammern sie Gegenstände, die wie Bohrer aussehen und unten spitz zulaufen. (Bild 135) Auf den Schuhen ist so etwas wie ein Speichenrad erkennbar. (Bild 136)

▶ 134

▸ 135

Völlig anders lautet die fachmännische Deutung. Bei den Kästen auf der Brust handle es sich um »Schmetterlingssymbole«, die Gegenstände in den Händen seien »Pfeilbündel« oder »Schleudervorrichtungen«, und die Räder auf den Schuhen sind angeblich »Blumen«. Dann sind da noch die abgedeckten Ohren, die – wer weiß es schon? – ursprünglich Kopfhörer mit kurzer Antenne gewesen sein mögen. Der Kopfschmuck schließlich ist in den Augen der Fachleute ein »schachtelförmiger Hut«. Einige der Statuen von Tula sind sogar auf der Rückseite mit Gravuren versehen. Da steht ein mit Federhelm geschmückter Indio mit einem Röhrchen durch die Nase (Bild 137) und eine Gestalt in Hockstellung. Vom Kopf zum Rücken läuft ein Schlauch in einen Tank. (Bild 138) Man vergleiche dazu die Stele von El Baúl auf Bild 26.

Wenn Indizien keine Einzelfälle sind, wenn sie in ähnlicher Weise von überall herwinken, wenn die Mythologien dazu von »herniederfahrenden Göttern« und »Lehrmeistern« sprechen, wenn Teotihuacán sich als Modell des Sonnensystems entpuppt und die Kukulkan-Pyramide von Chichén Itzá Jahr für Jahr in einem Licht- und Schattenspiel zeigt, wie dieser Gott die Treppen hinuntersteigt, müsste dann die Fachwelt nicht langsam hellhörig werden?

Welche Fachwelt? Die Spezialisten für Maya-Archäologie? Die wenigen, die etwas zu sagen hätten, kann man an einer Hand abzählen. Sie fahren ausnahmslos auf ihrem alten Geleise, neue Schienen sind verpönt. Und die fleißigen Studenten können keinerlei Weichenstellung beeinflussen, denn sie werden nur dann herangelassen, wenn sie im alten Zug mitfahren. Deshalb müssen neue Gedanken von außen kommen, auch wenn es eine Generation dauert, bis sie Beachtung finden. Immerhin gestehen die Maya-Fachleute ihrem Studienobjekt eine phänomenale Astronomie zu – nur dürfen die Götter niemals Besucher von anderen Sternen gewesen sein. Das müsse man alles psychologisch verstehen, heißt es mit schwergewichtigem Kopfnicken. Und – kurios genug – die gerade herrschende, »politisch korrekte« Denkrichtung macht die Fachleute immun, ja geradezu überheblich gegen jede Art von Querdenkerei. Würde man die Götter als reale Außerirdische sehen, so hieße das, die Leistungen der Indios herabzustufen: Der Stolz der Maya würde verletzt. Dazu gesellt sich selbstverständlich die seligmachende Lehre der Evolution.

▸ 138

Man gibt sich keinerlei Mühe, eine andere Betrachtungsweise zu verstehen. Evolution ja – aber sie erklärt nicht alles.
Bei den Aussagen der Fachleute bleibt unbeachtet, dass es ja
Menschen waren, die die Tempel und Pyramiden bauten.
Auch die phänomenalen Kunstwerke und die Mathematik
wurden von Menschen geschaffen. Die ursprünglichen Impulse
allerdings kamen von außen. Das ist nun mal belegbar, und
die Maya sagen es auch selbst. Die Leistungen der Menschen
werden dadurch aber nicht herabgewürdigt. Die Berliner
Symphoniker fühlen sich ja auch nicht erniedrigt, wenn sie
die *Rhapsody in Blue* spielen, nur weil der Komponist George
Gershwin ein Amerikaner war.

► 139

Die Maya waren süchtig nach Astronomie. Ihre Bauwerke und ihre Religion, ihr gesamtes spirituelles Denken einschließlich ihrer astronomisch ausgerichteten Pyramiden belegen es. Da liegen, 1500 Meter hoch, an den Ausläufern des Vulkans Ajusco (Mexiko), die Ruinen von Xochicalco. Für die Tempel dort oben planierten die Maya eine Bergspitze. Der Ursprung von Xochicalco liegt im Dunkeln, und bislang dürften erst etwa die Hälfte aller Bauwerke ausgegraben worden sein. Im Zentrum liegt die Stufenpyramide La Malinche und ein sogenannter Palast. Auch hier diente alles der Astronomie. Zwei der Pyramiden liegen sich wie Spiegelbilder gegenüber. (Bild 139 und 140) Die Sonne geht bei der Tagundnachtgleiche exakt über den Zentren der Bauwerke auf.

▸ 140

▶ 142

La Malinche steht auf einer nahezu quadratischen Fläche (18,6 × 21 Meter) und ist nordsüdlich ausgerichtet. Die Außenwände tragen prächtige Reliefs von acht gefiederten Schlangen, die sich um die Gebäude herumwinden, als möchten sie die Plattform darüber hochheben. Am andern Ende der Welt, in China, würde man die Monstren als fliegende Drachen bezeichnen. (Bild 141 und 142) Die Reliefs wurden mit unbekannten, harten Meißeln direkt in die Andesitplatten geschnitten und fugenlos aneinandergefügt. Ursprünglich muss die Pyramide herrlich zum Firmament geleuchtet haben, denn Farbreste kleben heute noch zwischen den Fugen.

Zehn Meter unter der Erde liegt ein Raum, aus dem Fels herausgekratzt, den man »Observatorium« nennt, erreichbar durch einen seitlichen Zugang. Von der Decke des Raumes führt ein neun Meter langer Schacht an die Oberfläche. (Bild 143 und 144) Der ist derart raffiniert angelegt, dass sich Jahr für Jahr am 21. Juni zur Mittagszeit ein einzigartiges Szenario abspielt.

Um 12 Uhr mittags betritt eine kleine Prozession von Indios mit brennenden Kerzen den Raum. Sie tragen Amulette und kleine Wasserbehälter mit sich, welche direkt unter dem Lichtschacht deponiert werden. Außerhalb steigt die Sonne höher und steht genau um 12.30 Uhr im Zentrum über der Öffnung. Erst tastend, wie suchend gleiten die Strahlen an den Wänden entlang, die Lichterbahn wird breiter, bis sie den Schacht grell ausfüllt und die Kammer darunter erleuchtet. Jetzt ergreifen die Strahlen die Amulette und Wasserbehälter auf dem Boden, durchdringen sie und beginnen zu reflektieren. Wie leuchtende Laserfinger blitzen sie um sich und wandern langsam über die Menschen mit ihren Kerzen in den Händen. Das faszinierende Schauspiel dauert etwa 20 Minuten. Die Indios schauen betend zur Schachtöffnung über ihnen. Sowie die Sonne weitergewandert ist, wird es bis auf das Flackerlicht der kleinen Kerzen dunkel in der Unterwelt. Die Indios nehmen ihre Amulette und Wasserbehälter, die – nach ihrem Glauben – jetzt von der göttlichen Kraft belebt sind, und schreiten still nach draußen. Dann aber lachen, musizieren, tanzen sie und danken der göttlichen Kraft.

► 144

Dies geschieht jedes Jahr am 21. Juni, auch heute noch. Mich erinnert dieser Sonnenkult an die steinzeitliche Anlage von Newgrange, 10 000 Kilometer von Mexiko entfernt in Irland. Auch dort ereignet sich alljährlich, seit gut 5000 Jahren, ein ähnliches Spektakel, allerdings nicht am 21. Juni, sondern am 21. Dezember. Beim Sonnenaufgang sticht die pralle Sonne durch eine absichtlich angebrachte, rechteckige Öffnung. Die Strahlen durchlaufen eine 24-Meter-Strecke und treffen wie ein gebündelter Laserstrahl auf einen Stein mit diversen herausgekratzten Schalen. Der Rest ist eine magische Symphonie. Die Strahlenfinger zucken in verschiedene Richtungen, stets zielgenau auf kultische Zeichen ausgerichtet, doch auch pfeilgerade nach oben durch einen künstlichen, mit Steinen ausgelegten Schacht. Wie in Xochicalco (Mexiko).

► 145

Wer dachte sich eigentlich diese exzentrischen Sonnenlicht-
spiele aus? Und dies nicht nur in Mexiko und Irland. Es gibt sie
in ähnlicher Weise weltweit. Wer errechnete die Gradneigung
der Schächte für den 21. Juni in Mexiko und den 21. Dezember
in Irland? Wurden in den Kammern einst göttliche Figuren
verehrt? Hatten die Astronomen ihre eckigen Schächte als
Hinweis auf die Spektralfarben des Regenbogens konstruiert?
Sind in den Kammern Materialien behandelt worden, die nur
in polarisierendem Licht zu sehen sind? Oder lag dort unten
mal irgendetwas Leuchtendes, das den Ausgräbern entging?

Ich stelle diese (dummen) Fragen aus gutem Grund, denn
über einen derartigen Gegenstand berichtete vor dreihundert
Jahren der spanische Chronist Francisco Antonio de Fuentes
(überliefert von John Lloyd Stephens). Dabei geht es um die
Stadt Patinamit, das Zentrum der Cakchiquel-Indianer.

»Westlich der Stadt steht ein Hügel, der die Stadt überragt, und auf dem Hügel ein kleines, rundes Gebäude von etwa 1,80 Metern Höhe. In der Mitte dieses Gebäudes steht ein Sockel aus einer schimmernden Substanz, die wie Glas aussieht, aber die wirkliche Qualität dieses Materials ist nicht bekannt. Um dieses Gebäude herum sitzen die Richter und fällen ihre Urteile, wobei diese sofort vollstreckt werden. Bevor diese Vollstreckung allerdings vollzogen wurde, war es nötig, das Urteil durch das Orakel bestätigen zu lassen. Zu diesem Zweck verließen drei der Richter ihre Sitze und begaben sich zu einem Taleinschnitt. Dort befand sich der Anrufungsort mit einem schwarzen, durchsichtigen Stein, auf dessen Oberfläche die Gottheit erschien und das Urteil bestätigte. Wenn keine Erscheinung auf dem schwarzen Stein auftauchte, wurde der Verurteilte sofort freigelassen. Derselbe Stein wurde auch befragt, wenn es um Entscheidungen über Krieg und Frieden ging. Später hörte der Bischof Francisco Marroquin von diesem Stein und befahl, ihn in Stücke zu schlagen. Das größte Stück diente als Altarplatte der Kirche von Tepcan Guatimala.« [45]

▶ 146

Komische Geschichte. Hatten die Indios bei den Göttern mal etwas wie einen Monitor gesehen und nichts verstehen können? Vor 174 Jahren suchten die beiden Maya-Forscher Stephens und Catherwood den seltsamen Altarstein in der Kirche von Tepcan Guatimala – doch die Platte existierte nicht mehr. Irgendwer hatte sie zertrümmert.

Zentralamerika ist eine Fundgrube für Fantasten, Träumer und Querdenker – doch zwischen der Fantasie und der einstigen Realität liegt eine schmale Narbe. Die Meinung darf auf beide Seiten pendeln. Gleich beim Eingang des *Museo Popol Vuh* in Guatemala City stehen drei wuchtige Schädel, die niemandem zuzuordnen sind. (Bild 145 bis 147) Die Augen sind übergroß, und die »Augäpfel« sind alles andere als Augäpfel. Vor den Nasen klebt ein viereckiger Gegenstand – ein missverstandener Filter? Lachhaft? Einem Globetrotter und Kenner der Überlieferungen wie mir fällt dazu die Abraham-Apokryphe ein, von deren Existenz Maya-Spezialisten nichts wissen müssen.

Dort erlebt der Knabe Abraham eine außerirdische Begegnung. Es ist Abend, und Abraham arbeitet auf einem Acker, als zwei »himmlische Wesen« herniederfahren. Abraham präzisiert, es seien »keine Menschen« gewesen. Wenn es sich nicht um Menschen handelte – worum dann? Die beiden atmen, aber nicht nach der Art des Menschen. Abraham wird mit einem Feuerwagen über die Erde hinaus gefahren. Er sieht große Gestalten, deren Worte er nicht versteht, und fährt auf ein mächtiges Licht am Firmament zu, das er nicht beschreiben kann. Im nächsten Satz wird klar, wo sich Abraham befindet: »Ich aber wünschte, auf die Erde niederwärts zu fallen. Der hohe Ort, worauf wir standen, bald stand er aufrecht, bald aber drehte er sich abwärts.« [46]

▶ 147

Wenn ein Mensch wünschte, »auf die Erde niederwärts zu fallen«, wird er wohl schwerlich auf der Erde sein. Zudem dreht sich der »hohe Ort«, auf dem Abraham steht, ständig um die eigene Achse. Genau dies geschieht in einem Mutterraumschiff im Orbit. Durch die Eigenrotation entsteht im Innern eine künstliche Schwerkraft. Die Fliehkräfte wirken ähnlich wie die in einer Wäscheschleuder. Nur konnte dies vor Jahrtausenden kein Mensch wissen. Deshalb meine Querverbindung von den Steinköpfen im *Museo Popol Vuh* mit den viereckigen Objekten vor der Nase zu Abrahams Wesen, die »nicht nach der Art der Menschen« atmeten. Immer noch lachhaft? (Wobei diese Querverbindung weiß Gott nicht die einzige wäre.)

► 148

► 149

Im *Museo Popol Vuh* von Guatemala City sind behelmte Figuren zu bestaunen, die man – stets aus dem Blickwinkel der Cargo-Kulte – als »Astronautengötter« bezeichnen könnte. (Bild 148 bis 152) Die Verbindung zur Atmung »nicht nach der Art des Menschen« (Abraham) ist offensichtlich. Und auf der Stele von Bild 153 begrüßt ein Gott seinen Priester. Am Firmament eingemeißelt ist eine Figur, die gleichzeitig sitzt und schwebt; rechts oben die Oberschenkel mit den angewinkelten Knien und den nach oben gerichteten Beinen, und links dieselbe Gestalt mit dem gemeinsamen Oberkörper, diesmal sitzend. Dazu passt der Indiofürst, der auf einer altmexikanischen Handschrift mitsamt seinem Tempel in den Wolken fliegt. (Bild 154)

▶ 154

Der Maler Diego Rivera (1886–1957) schuf im Regierungspalast von Mexico City weiträumige farbige Fresken, die das
Leben der Indios vor der Ankunft der Spanier darstellen.
Auch hier fehlt die fliegende Schlange – Gott Quetzalcoatl –
mit ihrem Piloten nicht. (Bild 155) Überlieferungen in Text
und Bild sind das unscharfe Gedächtnis des Volkes.

Vereinzelte fliegende Indios soll es sogar noch zu Zeiten der spanischen Eroberer gegeben haben. Am 5. März 1524 kämpfte Pedro de Alvarado im Hochland von Guatemala gegen eine Gruppe von Indios der Quiché-Maya. Da geschah etwas höchst Verwirrendes:

»Da erhob sich der Feldherr Tecum in die Lüfte und kam herbeigeflogen, in einen Adler verwandelt, bedeckt mit Federn, die daselbst hervorwuchsen und nicht künstlich waren. Er trug Flügel, die gleichfalls aus seinem Körper hervorwuchsen.« [47]

Hokuspokus? Offenbar fiel Hauptmann Alvarado auf kein Trugbild herein, denn der fliegende Indio durchstach mit einer Obsidianlanze den Körper von Alvarados Pferd. Der Indio meinte, Pferd und Mensch seien miteinander verwachsen und sein Lanzenstich töte auch den Reiter. Diese Verblüffung des Indios nutzte der Spanier aus und erstach den verdutzten Flieger.

Wahr oder Legende? Jedenfalls bekam der Ort der Begegnung von Hauptmann Alvarado und dem fliegenden Indio den Namen Quetzaltenango. So heißt die guatemaltekische Stadt heute noch. Und Guatemala City errichtete dem fliegenden indianischen Feldherrn Tecum sogar ein eigenes Denkmal. (Bild 156) Diese Gestalt trägt einen langen, schweren Federmantel.

▶ 156

Fliegende Götter, Feuergestalten, die vom Firmament stürzen, gefiederte Schlangen in den Lüften – obschon jeder Indio wusste, dass Schlangen niemals fliegen können –, monsterhafte, von Strahlen umhüllte Figuren, behelmte Gestalten mit »Atemfiltern«, Flügel, wohin das Auge reicht und eine Mythologie voller himmlischer Lehrmeister. Und was machen wir Schlaumeier, »die Krone der Schöpfung«, »die Spitze der Evolution«, daraus? Naturreligionen. Mehr Denken ist nicht gestattet.

Ich besitze die Kühnheit, Begriffe wie »Donner«, »Blitz«, »Himmel«, »Feuerschlangen« etc. anders zu interpretieren, als es die sakrosankte Kathedermeinung zulässt. Dort wird gelehrt, die Primitiven hätten die Naturgewalten nicht verstanden und deshalb das Unverstandene vergöttlicht. Selbstverständlich gibt es Naturreligionen, das muss man mir nicht erklären. Aber – Hand aufs Herz – sprechen denn die Naturgewalten, wie sie es in den Überlieferungen eindeutig tun? Erlassen sie Gesetze, zeigen sie sich als Lehrmeister, die den dummen Menschen ihren Kalender erklären – mit 365 Tagen und acht Kommastellen dahinter (wegen der Schaltstunden)?

► 157

▸ 158

Überreichte ein Naturereignis dem Herrn Moses die Zehn Gebote, und lehrte der Blitz den Herrn Henoch (vor der Flut) das Schreiben? Sprachen die Ur-Maya Naturereignisse an, wenn sie die Lehrmeister »große Meister der Wissenschaften« nannten? Erschuf der Donner den Menschen »nach seinem Ebenbild«, und richteten die Maya ihre Tempel nur deshalb astronomisch aus, weil der Blitz manchmal von Norden aus den Wolken zuckte?

Dass den Forschern und fleißigen Übersetzern der vorgestrigen Generation keine anderen Deutungen in den Sinn gekommen sind, ist wohl selbstverständlich. Schließlich kannte keiner unserer ehrenwerten Großväter Begriffe wie Raumfahrt und bewohntes Weltall. Die alten Vorstellungen wanderten in die Lehrbücher – wohin sonst? – und vernebeln seither jede zeitgemäße Erkenntnis. Die gestrigen Deutungen waren mal vernünftig – heute sind sie unvernünftig. Es gibt inzwischen weit realistischere Argumente für den Sinn von Schöpfungsmythen als die Herbeiziehung von »Naturreligionen«. Ich verstehe das Beharren der Gelehrtenschaft aus einer gewissen Furcht heraus, die Akzeptanz von Außerirdischen könnte ein gewohntes Vorstellungsbild zum Einsturz bringen. Der Einsturz einer Denkrichtung ist nicht der Zweck dieses Buches. Die Legitimation für ein Umdenken ergibt sich aus der neuen Betrachtungsweise. Wissenschaft ist ein lebendiges Gebäude und keine Religion, an die geglaubt werden muss. »Zu erkennen, dass man sich geirrt hat, ist ja nur das Eingeständnis, dass man heute schlauer ist als gestern«, konstatierte Johann Caspar Lavater (1741–1801). Niemand muss sich genieren, von einer überholten Ansicht Abschied zu nehmen. Dazu gehört auch die bis heute unsterbliche Ansicht, die Maya hätten das Rad nicht gekannt. Weshalb bauten sie dann gepflasterte Straßen?

Dank zahlreicher Satellitenaufnahmen ist längst bewiesen, dass die Maya-Städte durch ein weitläufiges Straßennetz miteinander verbunden waren. Gleich sechzehn dieser Straßen begannen (oder endeten) in Cobá im Norden des heutigen Bundesstaates Quintana Roo. In einem lang gezogenen Bogen führt eine Straße an Cobá vorbei nach Yaxuná, einem kleinen Ort unweit der Ruinenstätte Chichén Itzá. Luftaufnahmen zeigen helle Bänder in der dunkelgrünen Vegetation des Dschungels. Das ist die Straße von Cobá, die über Yaxuná, Chichén Itzá und Mayapán nach Uxmal führt. Das entspricht einem Highway von 300 Kilometern Länge. Eine weitere Straße verband Dzibilchaltún (vor Mérida) mit der Ostküste der Karibischen See. Alle Straßen sind mit gestückelten Steinen gepflastert und mit einem hellen Belag überzogen worden. Die Strecke von Cobá nach Yaxuná ist zehn Meter breit – ziemlich pompös für einen Prozessionsweg. 15 Personen hätten nebeneinander singen können.

▸ 159

► 161

Die Straßen sind oft unterteilt in linealgerade Abschnitte, von denen der längste 36 Kilometer misst, und lang gezogene Strecken mit zahlreichen Richtungsänderungen, nicht anders als unsere Autobahnen. Und die Maya sollen das Rad nicht gekannt haben?!

Weshalb steht dann im Museum von Jalapa ein Maya-Kinderspielzeug mit Rädern? (Bild 157) Weshalb findet man im *Anthropologischen Museum* von Mexico City Gestalten, die mit den Beinen ein Rad bedienen? (Bild 158) Des Weiteren Räder mit Radnaben. (Bild 159 und 160) Und selbstverständlich ist der weltberühmte Kalender der Azteken rund. (Bild 161) Irgendwann wird den Steinmetzen ja mal aufgefallen sein, dass runde Blöcke davonrollen können. Zudem war die Rundung oder der Kreis den Maya ohnehin vertraut. Die Bilder 162 und 163 aus dem Garten des Museums von Jalapa mögen als Beispiele dienen.

Heutige Straßen werden metergenau vorausgeplant. Wie lösten eigentlich die Maya dieses Problem? Angeblich sollen sie ja den Kompass nicht gekannt haben. Welche geodätischen Hilfsmittel wurden eingesetzt? Funktionierte die Planung mithilfe von Leuchtfeuern? Das Gebiet ist flach wie eine Bratpfanne und zudem von dichtem Urwald bewachsen. Es gibt keine Berge, von denen aus Zeichen hätten gegeben werden können. Feuer im grünen Dickicht ist gerade mal ein paar Kilometer sichtbar. Schickte man Leute voraus, die mit Schnüren gerade Linien zogen und die Strecke mit Pfählen markierten? Möglich. Doch setzt diese Lösung voraus, dass bereits Schneisen durch den Urwald geschlagen wurden. Irgendwer muss schließlich irgendwann festgelegt haben, wie viele Kilometer der Weg schnurgerade verlaufen sollte und wann eine lang gezogene Kurve einzuhalten sei. Gar nicht so einfach in einem Waldgebiet mit einer Sichtweite von bestenfalls zwei Kilometern. Zudem gibt es auch im flachen Gelände der Maya kleine Dellen, Wasserläufe, Absenkungen und sogar Sümpfe. Die Maya nivellierten sie, bauten, wo nötig, gewölbte Unter-

führungen und hoben Straßenteile bis zu fünf Metern Höhe
an. Alles überflüssig bei Prozessionsstraßen. Die Pilger wären
klaglos über die Dellen hinweggezogen. Heute benutzen wir
Dampfwalzen, um die Strecken platt zu drücken. Und die Maya? Eine fünf Tonnen schwere, in zwei Teile zerbrochene Walze
lag bei Ekal an der Strecke Cobá-Yaxuná. Diese vier Meter
lange Walze hat in der Mitte eine Radnabe, durch welche einst
eine Achse lief. Aber das Rad sollen sie nicht gekannt haben.

Weshalb nivellierten die Maya denn sonst ihre Straßen,
wenn nicht für Räder? Weshalb stützten sie ihre Strecken im
sumpfigen Gelände mit derart soliden Fundamenten ab, dass
sie heute noch nicht einsinken? Was sollte sich denn über diese
meisterlich geplanten Wege bewegen? Schlitten auf Holzku-
fen? Die hätten Spuren in den Belag gekerbt. Trieben die Maya
Last- oder Zugtiere auf den Straßen mit sich? Die Fachmeinung sagt, die Maya hätten beides nicht gekannt. Zogen
schnelle Kuriere mit ihren Rollschuhen ihre Bahnen auf den
Straßen? Nicht ausgeschlossen, denn in der Maya-Stadt Palenque sind auf dem sogenannten »Palacio« Rollschuhfahrer

► 164

eingemeißelt. (Bild 164 und 165) »Stimmt nicht!«, rufen die
Fachleute. Bei den »Rollen« handle es lediglich um die
Zahl Zwei. Und das, obwohl die Rädchen klar unter den Vor-
derzehen wie unter der Fußfläche angebracht sind, wie die Bilder ja zeigen! Zusätzlich sind sogar noch die mit dem Fußgelenk fest verbundenen Schnallen erkennbar. Also nichts als
Sandalen mit der Zahl Zwei darunter? Und wenn die Maya gar
in die Luft gegangen wären, hätten sie keine Straßen benötigt.
Irgendetwas ist unseren schlau kombinierenden Archäologen
entgangen.

Diese Maya und ihre Vorfahren müssen bauwütiger gewesen sein als die alten Ägypter. Immer zu Ehren ihres fliegenden
Gottes Quetzalcoatl entstanden Pyramiden, umfangreicher als
die Große Pyramide von Giseh. Noch vor 100 Jahren stand auf
der Spitze eines graswachsenen Hügels in Cholula die Kirche
Nuestra Señora de los Remedios. Die Spanier erbauten die Kirche nicht wegen der schönen Aussicht auf dem majestätischen
Berg Popocatépetl, sondern weil sie darunter eine heidnische
Maya-Pyramide verstecken wollten. Tatsächlich hat die Pyra-

► 165

▶ 166

mide von Cholula mit einer Basislänge von 450 × 450 Metern und einer Höhe von 66 Metern ein größeres Volumen als die Cheopspyramide. 4,5 Millionen Kubikmeter Baumaterial sind in ihr enthalten. (Bild 166) Terrassen einer Stufenpyramide kamen zum Vorschein, 36 Treppen in verschiedenen Richtungen und – Luft anhalten! – bislang fünfeinhalb Kilometer Tunnel. (Bild 167 bis 172) Die Lehrmeinung besagt, der Bau habe im 2. Jahrhundert nach Christus begonnen und sei in mehreren Etappen hochgezogen worden. Die Anlage wird mit dem gewaltigen Komplex von Teotihuacán am Stadtrand von Mexico City verglichen – auch das Alter. Die Ursprünge von Teotihuacán liegen meiner Meinung nach aber viel weiter in der Vergangenheit, genauso wie diejenigen von Cholula. Schon allein die Geröllmassen, die darüber gewachsen sind, bezeugen es (man vergleiche den Schutt auf Bild 167).

► 167

► 168

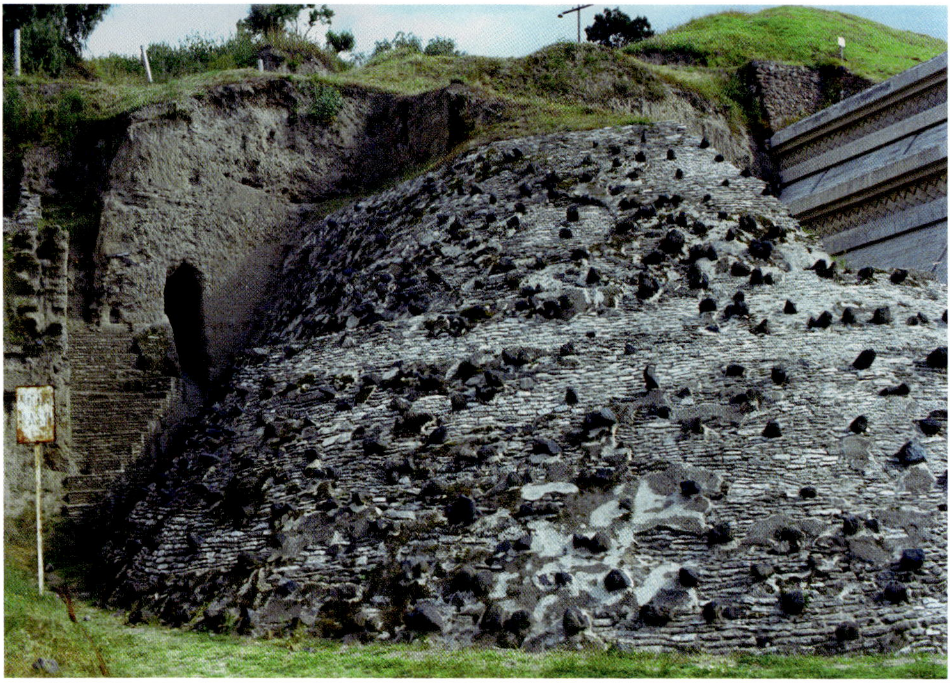

▶ 169

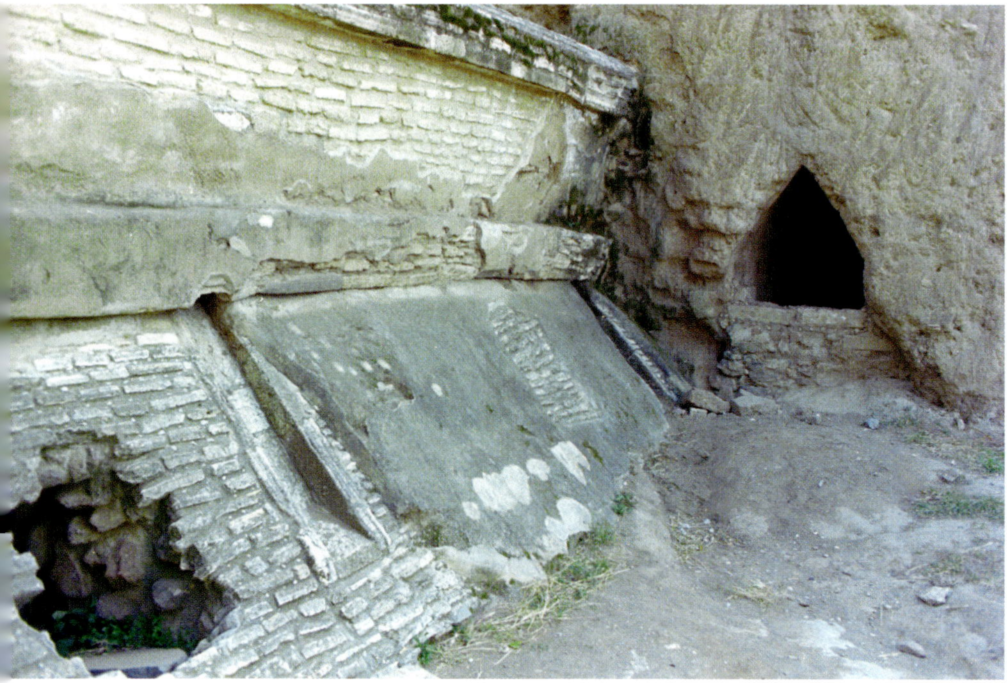

▶ 170

▸ 171

▸ 172

Das Gleiche gilt für die phänomenale Anlage von Monte Albán, 550 Kilometer südöstlich von Mexico City in einer Höhe von 1950 Metern gelegen. Diese Ruinenstätte zählt heute zum Weltkulturerbe der UNESCO. Wie anderswo machten die Bauherren zuerst mal einen Berg flach, und dies bereits vor 3000 Jahren, denn der Ursprung von Monte Albán liegt um das Jahr 1000 v. Chr. Mindestens. Gründer des heiligen Ortes sollen die Olmeken gewesen sein, die Träger jener rätselhaften Kultur, von der auch die wuchtigen, behelmten Schädel im Olmeken-Park von Villahermosa geschaffen wurden. (Bild 88)

▶ 174

Auch die zu den Menschen herniederfahrende Gestalt im selben Park sowie der Dunkelhäutige, der staunend zum Firmament starrt, stammen von den Olmeken. (Bild 90 bis 92) Diese Olmeken gründeten Monte Albán. In ihren Reihen müssen sich Genies der Planung befunden haben. Wer sonst käme schon vor 3000 Jahren auf die Idee, einen Berg abzutragen, und dies auf einer riesigen Fläche? (Bild 173 bis 177) Offenbar rechneten die Planer damit, dass spätere Generationen ihr Werk fortführen und sich an die einmal festgelegte astronomische Ausrichtung halten würden – was auch geschah. Doch der geografische Punkt von Monte Albán wurde nicht zufällig gewählt. Die diesbezügliche Legende berichtet von einem geheimnisvollen Schöpferwesen namens Coqui Xee, das in einer Höhle in der Grotte der »zeitlosen Zeit« geschlafen habe. [48] Coqui Xee stand außerhalb der Welt, denn Gedanken konnten ihn nicht berühren. Doch in seinem Innern trug er den Wunsch, unsere Erde zu beleben. Und so gebar Coqui Xee (den Gedanken nicht berühren konnten) sich selbst als Licht und begann seine lange Reise als Licht am Himmel. Er erschuf die Menschen und Xonaxi, der sich in einen Papagei verwandelte, um den Himmel zu durchstreifen. Um sich nicht zu verirren, bemalte Xonaxi seinen Pfad mit Licht. Diese Lichtspur nannten die Indios die Milchstraße. Und weil Xonaxi auf den Monte Albán herniederstieg, wurde der Punkt zum heiligen Boden. Deshalb die Gründung von Monte Albán. Der Name »Monte Albán« soll auf das zapotekische Wort *danibaan* zurückgehen und bedeutet »heiliger Berg«.

Schon vor 2000 Jahren war der Monte Albán mit rund 20 000 Einwohnern eine der größten Städte Mesoamerikas. [49] Wie Funde bezeugen, gab es zwischen Monte Albán und der Pyramidenstadt Teotihuacán hochrangige Kontakte. Man tauschte Gedanken und Güter aus – schließlich war Teotihuacán genauso ein Ort der Götter wie Monte Albán. Die Gebäude auf dem heiligen Berg waren in leuchtende Farben gehüllt. Zuerst wurden die Bauten mit einer weißen Stuckschicht überzogen und anschließend bemalt, und die Treppen wurden mit einer roten Mörtelschicht abgedeckt. Auf 40 großen Reliefplatten fanden die Ausgräber seltsame, in den Stein gravierte Gestalten. Man erkennt nackte Männer, zum Teil in verkrümmten Posen mit verschränkten und offenen Beinen; dann wieder mit verstümmelten Genitalien oder gespreiz-

▸ 175

▸ 176

► 178

ten Oberschenkeln. (Bild 178 bis 183) Früher hießen die Darstellungen »Tänzer«, heute tut man sich mit der Benennung
schwer. Und mitten darin das Bild eines Elefanten, der keiner sein darf. (Bild 184 und 185) Elefanten gab es in Amerika
keine, also darf man in dem Relief auf Teufel komm raus
keinen Elefanten erkennen – auch wenn's denn einer ist. Aus
dem Rüssel werden Vögel mit überhängenden Lippen und
eigenartigen Papageien gezaubert. Elefanten in Amerika – un-
möglich? Und wenn einer der »Götter« seinen Schüler nach
Asien und zurück gebracht hätte? Lächerlich? Zumindest die
indischen Legenden berichten darüber. Und in Indien wurde
der Elefantengott Ganesha verehrt. In den meisten indischen
Tempeln findet man in Stein geschlagene Ganeshas. Die sehen
nicht viel anders aus als der Dickhäuter auf Monte Albán.

Tagtäglich demonstrieren die »Voladores«, die vier vom Mast fliegenden Indios, auf Monte Albán ihre Flugkünste. Und heute noch wird auf dem Ballspielplatz von Monte Albán regelmäßig das alte Götterspiel vorgeführt, wobei die Spieler allerdings keinen fünf Pfund schweren Hartgummiball mehr verwenden wie früher.

Jenes seltsame mythologische Wesen namens Coqui Xee, das in einer Höhle in der Grotte der »zeitlosen Zeit« geschlafen haben soll, will mir nicht aus dem Sinn. Coqui Xee war schließlich der Grund für das Heiligtum auf dem Monte Albán. Dieser Coqui Xee soll außerhalb der Welt gestanden haben, denn Gedanken konnten ihn nicht berühren. Und er selbst bereiste den Himmel. Bei derartigen Legenden blitzen in meinem Gedächtnis gleich mehrere Querverbindungen

▶ 179

► 180

► 181

auf, allerdings aus völlig anderen Kulturen. Gerade dies macht die Überlieferung spannend. Weshalb kennen weit voneinander entfernte Völker sinnverwandte Geschichten? Beispiele gefällig?

Auf der Insel Raivavae in Französisch-Polynesien gilt der alte Tempel Te Mahara noch heute als der Punkt, an dem Gott Maui nach seinem Weltraumflug landete. [50] Gleiches trifft für die Ureinwohner von Atu Ona, einer kleinen Insel der Marquesa-Gruppe, zu. Dort gilt der Berg Kei An als Tempel, obwohl überhaupt kein Gebäude am Ort steht. Die Urpolynesier nannten den Berg Tautini-Etua, wörtlich übersetzt »Berg, auf dem die Götter landeten«. [51]

Über den Schöpfergott Ta'aroa von den Gesellschaftsinseln im Pazifik heißt es:

»Ta'aroa saß in seiner Muschel in der Dunkelheit seit Ewigkeiten. Die Muschel war wie das Ei, das im endlosen Weltall trieb. Es gab keinen Himmel, kein Meer, keinen Mond, keine Sonne, keine Sterne. Alles war Dunkel.« [52]

Und auf den Samoa-Inseln wird über den ursprünglichen Gott Tagaloa berichtet:

»Gott Tagaloa schwamm in der Leere, er hat alles geschaffen. Vor ihm gab es keinen Himmel, kein Land, er war ganz allein und schlief in der Weite des Raumes. Sein Name war Tagaloa-fa'atutupunu'u, was ›Entstehung des Wachstums‹ bedeutet.« [53]

Der Schöpfungsmythos von Kiribati (Mikronesien, Pazifik) beginnt mit der Feststellung, vor langer, langer Zeit habe es den Gott Nareau gegeben. [54] Niemand wisse, woher er kam, denn Nareau flog allein und schlafend durch das Weltall. Im Schlaf hörte er, wie dreimal sein Name gerufen wurde, doch der, der ihn rief, war ein »Niemand«. Nareau erwachte und sah sich um. Da war nichts als Leere, doch unter ihm war ein großes Objekt. Es war Te-Bomatemaki – was »Erde und Himmel gemeinsam« bedeutet.

Im ostkolumbianischen Hochland der Kordilleren lebt der Stamm der Chibcha. Der spanische Chronist Pedro Simon zeichnete ihre Schöpfungslegende auf:

»Es war Nacht. Noch gab es irgendetwas von der Welt. Das Licht war in einem großen ›Etwas-Haus‹ verschlossen und kam daraus hervor. Dieses ›Etwas-Haus‹ ist ›Chiminigagua‹, und es barg das Licht in sich, damit es herauskam. Im Scheine des Lichts begannen die Dinge zu werden.« [55]

Und der Schöpfungsbericht im vermutlich ältesten Buch der Menschheit, dem indischen Rigveda, versetzt uns Zweifler erneut in der Zustand der Schwerelosigkeit und Lautlosigkeit:

»Weder Nichtsein noch Sein war damals. Nicht war der Luftraum noch der Himmel darüber. Was strich hin und her? Was war das Unergründliche? [...] Weder Tod noch Unsterblichkeit war damals. Nicht gab es ein Anzeichen von Tag und Nacht. Das Eine atmete nach seinem eigenen Gesetz ohne Windzug. Irgendein Anderes als dieses war nicht da. [...] Gab es denn ein Unten? Gab es ein Oben? Wer weiß es gewiss, wer kann es verkünden, woher sie entstanden, woher diese Schöpfung kam?« [56]

▶ 183

▶ 184

Dieses Vergleichsspiel könnte ich weiter treiben – und immer wieder würden altbekannte Elemente auftauchen. Coqui Xee, der eigentliche Begründer des Heiligtums auf Monte Albán, schlief »in einer Höhle in der Grotte der zeitlosen Zeit«. Er kam von »außerhalb der Welt«, schlief irgendwo endlos lange, und »Gedanken konnten ihn nicht berühren«. Die Sinnverwandtschaft mit anderen Mythen ist offensichtlich.

▶ 186

Im zentralamerikanischen Land Costa Rica gibt es sogar ein Rätsel, das die Eingeborenen mit den »Bällen am Himmel« in Verbindung bringen. Es geht um rund 300 steinerne Kugeln aus Gabbro, einem granitähnlichen Tiefengestein. Nur vereinzelte Kugeln bestehen aus Muschelkalk oder Sandstein. Der größte Teil der Steinbälle ist symmetrisch kreisrund, ihr Durchmesser variiert von 10 Zentimetern bis zu 2,48 Metern. Man fand und findet sie im Diquis-Delta auf der Pazifikseite Guatemalas, doch auch im Nationalpark Rio Esquina, auf Bergspitzen und heute sogar auf öffentlichen Plätzen von Guatemala City. (Bild 186 bis 188) Im Golfo Dulce liegen 15 der Riesenbälle in einer schnurgeraden Linie; nördlich der Sierra Brunquera, in der Nähe des Städtchens Uvita, zwölf Kugeln; im schlammigen Bett des Esquine-Flusses tauchten vier Ku-

► 187

geln auf – wie viele über die Jahrtausende weggespült wurden, weiß niemand. Auf der Camaronal-Insel entdeckte man zwei der Kugeln, und mehrere der »Sky-Balls« – wie sie auch genannt werden – lagen auf den Gipfeln der Cordillera Brunquera. Wie um alles in der Welt gerieten sie dort hinauf? Guatemala war Urwald. Kugeln ließen sich nicht einfach so herumwälzen. Für Rollstrecken hätte man Schneisen in den Dschungel schlagen müssen. Das Gleiche gilt für die bewaldeten Berghänge, wobei dort auch sehr kräftige Arme nicht gereicht hätten, um die tonnenschweren Kugeln hochzurollen. Seilzüge wären unentbehrlich gewesen.

Als die *United Fruit Company* in den 1930er-Jahren begann, den Urwald zu roden, um Bananenplantagen anzulegen, stießen die Ingenieure immer wieder auf unnatürliche Widerstände im Boden. Die alten Dampfbulldozer von damals legten steinerne Kugeln frei, und die Arbeiter schoben die störenden Dinger kopfschüttelnd beiseite. Dann ritt Frau Doris Stone (sinnigerweise »Stein«), die Tochter eines Ingenieurs, wochenlang von Fundort zu Fundort und verfasste den

▶ 188

► 189

ersten Bericht über die unverständlichen Kugeln von Costa
Rica. Die ersten Schwarzweißbilder stammen von ihr. [57]
(Bild 189) Frau Stone schloss ihre Arbeit mit der resignieren-
den Feststellung: »Die Kugeln von Costa Rica müssen zu den
ungelösten megalithischen Rätseln der Welt gezählt werden.«

Heute sind wir nicht weiter. Wir wissen nicht, wer die Steinbälle schuf, wissen nicht, mit welchen Werkzeugen und geometrischen Hilfsmitteln gearbeitet wurde, wissen nicht, zu welchem Zweck die Kugeln geschaffen wurden, und auch nicht, wann das geschah. Alles, was vorgebracht wird, ist reichlich spekulativ. Eine lokale Legende vermutet, die Kugeln repräsentieren die Sonne. Doch die Sonne wurde von den Indios als goldene Scheibe, Strahlenrad oder gar Diskus dargestellt – nicht aber als Kugel. Zudem hätten die Indios ihre »Sonnenkugeln«, wenn schon, mit goldener Farbe überzogen. Es gab keine Farbreste. Im Gegensatz zu den kleinen sind alle großen Kugeln im wörtlichen Sinne kugelrund mit glatt geschliffenen Oberflächen. Wie machen Steinzeitmenschen das?

Hätten die Steinmetze zunächst das Rohmaterial – einen Steinklotz – im Boden vergraben und dann begonnen, ihn ringsherum abzuschleifen, wären zwangsläufig Ungenauigkeiten entstanden, weil die Abstände zu dem im Boden steckenden Stein nicht mehr kontrollierbar gewesen wären. Doch zuerst musste das Rohmaterial von irgendwoher kommen. An den Fundorten liegen keine Steinbrüche. Und weshalb wurden die fertigen Kugeln an einen x-beliebigen Ort, etwa auf die Höhe eines Berges, transportiert? Eine der Theorien besagt, die Kugeln seien schlichtweg durch die Flussbette gerollt worden. Diese Flussbette sind schlammig und kiesig. Die schwergewichtigen Steinbälle wären versackt. Auch kann die »Flussbett-Theorie« keine Kugeln auf den Bergen erklären.

Fachleute meinen, für die Herstellung einer Steinkugel von 15 Tonnen Gewicht hätte das Rohmaterial mindestens 24 Tonnen wiegen müssen. Angesichts der 300 Kugeln ahnt man etwa, welche Mengen von Rohmaterial bewegt worden wären. Zudem liegen mehrere schwergewichtige Kugeln auf der anderen Seite irgendwelcher Flüsse. (Bild 190) Das bedeutet beträchtliche Hindernisse für einen Materialtransport. Ohne Tieflader, ohne Straßen, ohne Kräne, ohne Frachtschiffe – und alles im Urwald. Im *Museo Popol Vuh* von Guatemala City fragte ich einen Archäologen nach dem Sinn der Kugeln. »Wahrscheinlich religiöse oder rituelle Hintergründe«, meinte er achselzuckend. »Vielleicht auch irgendein Himmelskult.«

Kulte, so weit das Auge reicht: an Statuen, Tempeln, Pyramiden. Die meisten davon zu Ehren der Götter. Welcher Götter?

► 190

▶ 191

▶ 192

4. Kapitel

König Pakals Himmelfahrt

Im südlichsten mexikanischen Bundesstaat Chiapas gelegen, nimmt Palenque für die Betrachter mit der Cargo-Kult-Brille eine einzigartige Rolle ein. Denn in Palenque liegt die (inzwischen) weltberühmte Grabplatte: ein 3,8 Meter langer und 2,2 Meter breiter Monolith mit diversen Darstellungen und Maya-Schriftzeichen. Für die Fachleute gibt es keinerlei offene Fragen zu den Darstellungen auf der Platte. Alles folgt einer zwingenden Logik innerhalb der Maya-Forschung. Laien hingegen erkennen in den Reliefs etwas Außerirdisches: missverstandene Technologie.

Über die Geschichte von Palenque habe ich schon vor 25 Jahren geschrieben [58] und muss es wieder tun (nochmals: willig oder widerwillig). Ohne Wiederholungen würde ich die neuen Leser im Regen stehen lassen.

Es war im Jahre 1773 im Städtchen Tumbala. Ein spanischer Erkundungstrupp berichtete dem Kurator des Bezirks, Herrn Antonio de Solis, nicht weit entfernt würden im Urwald einige *casas de piedras* (Steinhäuser) liegen. Antonio de Solis, ein Priester, nahm die Meldung nicht allzu wichtig. Primitive Bauten der Indios gab es überall. Die Botschaft über die *casas de piedras* erreichte auch den Priester Ramon Ordoñez, und der hoffte immer noch, vielleicht irgendwo auf einen alten Schatz zu stoßen. Ordoñez stellte einen kleinen Trupp zusammen, der die Steinhäuser beim Dörfchen Santo Domingo de Palenque fand und über Pyramiden, Hallen und Türme berichtete.

Dieser Bericht erreichte die königliche Kommission »Audiencia« in Guatemala. Die wiederum kommandierte den Offizier Antonio del Rio ab, die *casas de piedras* etwas genauer anzusehen. Mit dabei war ein Zeichner, der festhalten sollte, was da im Urwald lag. Von Santo Domingo de Palenque aus bis zu den Ruinen waren es lächerliche sechs Kilometer. Doch die Dichte des Urwalds und die Regenzeiten machten den Weg durch die grüne Hölle zum Abenteuer. Erst am 3. Mai 1787 erreichte der Offizier Antonio del Rio mit seiner Truppe die *casas de piedras*. Und damit begann die Entdeckung von Palenque.

Hauptmann del Rio brauchte zwei Wochen, um das Buschwerk um die Gebäude einigermaßen zu lichten und Schneisen durch das Blätterwerk zu schlagen. Dann »stand er mitten auf einer Lichtung und starrte gebannt auf die Ruinen eines Palastes, eines wahren Irrgartens von Räumen und Höfen, hoch auf einer riesigen Plattform aus Erde und Schutt«. [59] (Bild 191 und 192) Die Wände waren mit unverständlichen Zeichen und mysteriösen Figuren übersät, Regenwasser tropfte aus unzähligen Rinnen. Schwärme blutgieriger Moskitos zerstachen die Männer durch ihre Hemden hindurch. Hauptmann del Rio wollte seinen schweißtriefenden Auftrag möglichst rasch hinter sich bringen und ließ Böden aufreißen und Wände einschlagen. Sein Vorgehen erschauert die Archäologen heute noch.

Immerhin brachte del Rio 32 Gegenstände und 25 Zeichnungen nach Santo Domingo de Palenque, die zur Audiencia weitergeleitet wurden. Das Dossier wanderte irgendwann nach Madrid, und dort verschwanden alle Kisten mitsamt den Zeichnungen in einem unersättlichen Archiv. Die Trümmerhaufen in Neuspanien, wie die eroberten Gebiete daheim genannt wurden, interessierten bei Hofe niemanden.

Doch manchmal führt der Zufall Regie. 45 Jahre später landete del Rios Arbeit auf unerklärliche Weise beim Londoner Buchhändler Henry Berthoud. Der fand Gefallen daran und veröffentlichte 1822 ein kleines Büchlein mit einigen Zeichnungen über del Rios Bericht. Dieses Büchlein wiederum faszinierte eine liebenswürdige, schillernde Persönlichkeit: den Grafen Johann Friedrich von Waldeck. Woher dieser Herr Waldeck kam, ist nie dokumentiert worden. Er selbst setzte diverse Lebensläufe in die Welt. Mal gab er Paris, mal Prag, mal Wien als Geburtsort an. Was immer er war, Waldeck war ein hervorragender Zeichner. Und er setzte sich in den Kopf, nach Palenque zu reisen.

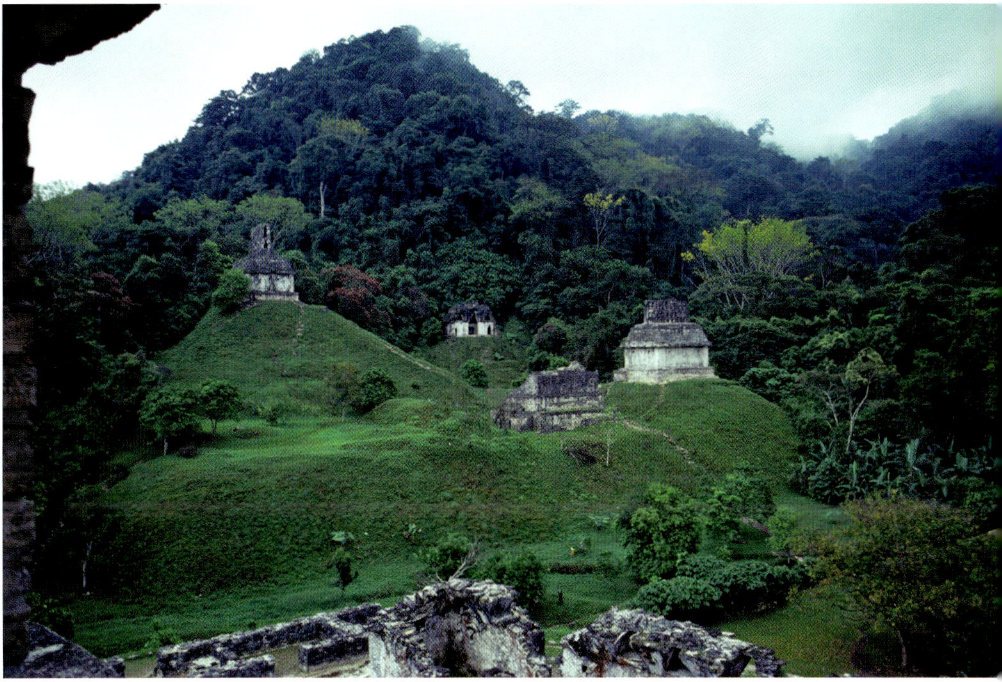

► 193

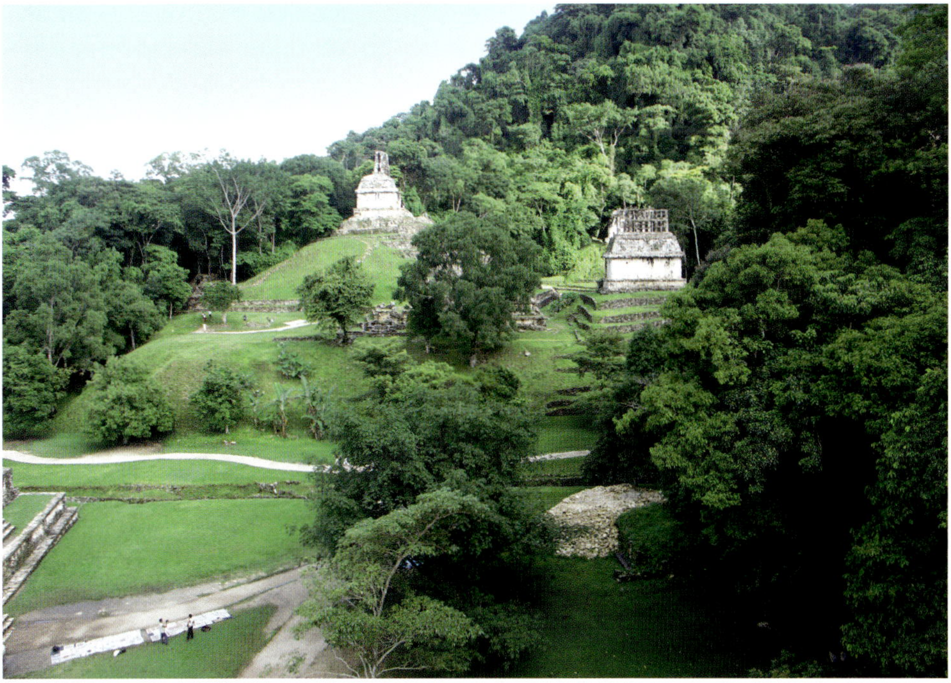

► 194

Im März 1822 brach Waldeck von London auf. Seine Familie ließ er zurück. Vorher noch hatte er eine Spendensammlung für Palenque durchgeführt, die kaum etwas brachte. Das Wort »Palenque« sagte niemandem etwas. In Mexiko schaffte es Waldeck tatsächlich, eine offizielle Genehmigung zu erhalten, in Palenque Forschungen zu betreiben. So bat er denn in Santo Domingo de Palenque die Indios, ihm im Namen der mexikanischen Regierung bei der Freilegung der Ruinen zu helfen. Doch die Indios wollten Geld sehen – die ferne Regierung scherte sie nicht. Waldecks ganze Habe bestand aus 3000 mexikanischen Dollars, die in der glühenden Sonne wie Butter wegschmolzen. Total pleite, machte er dennoch weiter. Oft allein gelassen, von der tropischen Natur gequält, bahnte er sich Wege zu den überwucherten Tempeln, saß Tag für Tag, das Zeichenbrett auf den Knien, in der schwülen Hitze und hielt Palenque in über 100 Zeichnungen fest. Um den sintflutartigen Wolkenbrüchen und dem stechwütigen Ungeziefer zu entkommen, richtete sich Graf Waldeck in einer Ruine ein bescheidenes Lager ein, das er mit einem Vorhang nach außen abtrennte. Heute noch wird der Bau liebevoll-spöttisch »Tempel des Grafen« genannt.

Die Begeisterung ließ Waldeck nicht los. In bestimmten Reliefs glaubte er Elefantenköpfe zu entdecken und meinte, Palenque müsse von einem Volk aus Afrika oder Asien errichtet worden sein. Heutige Fachleute sehen in Waldecks Elefanten »Masken der Regengötter«. Waldeck tobte, wenn Einheimische sich erdreisteten, Stuckplatten von den Wänden zu schlagen, um sie zu verkaufen. Eifersüchtig beobachtete er fremde Besucher, weil er es hasste, wenn andere »seine« Gebäude skizzierten. Verbittert und verarmt reiste Waldeck im Frühling 1834 nach Campeche. Dort hoffte er, seine Zeichnungen teuer verkaufen zu können. Doch inzwischen war die Regierung in Mexico City abgelöst worden, und Waldeck traute den neuen

Herrschern nicht. Deshalb ließ er alle seine Zeichnungen mit Bleistift kopieren. Die Originale vertraute er einem britischen Beamten an, der sie nach London brachte. Plötzlich warfen mexikanische Zeitungen dem Grafen Waldeck vor, in Palenque wie ein Vandale gehaust und heimlich Schätze weggebracht zu haben. Nichts davon stimmte. Eine Abordnung des Bürgermeisters ließ Waldecks Gepäck filzen und beschlagnahmte seine Zeichnungen. Es waren die Kopien.

Wütend und enttäuscht verließ Waldeck Mexiko und bezog mit seiner Familie Quartier in Paris. 1838 veröffentlichte er die Erinnerungen an seine romantische archäologische Reise in Yucatán mit einer Auswahl von 21 Zeichnungen, die ihm verblieben waren. Und damit begann eine neue Runde um Palenque.

In New York lebte damals der Anwalt John Lloyd Stephens, zu dessen Leidenschaft das Reisen gehörte. Der Jurist besuchte verschiedene Länder Europas, doch auch die Türkei, Palästina und Ägypten. An seine Bekannten zu Hause schickte Stephens humorvolle und mit viel Verstand gewürzte Briefe – ohne zu wissen, dass einer seiner amerikanischen Freunde diese Briefe veröffentlichte. Und so wurde aus dem Anwalt Stephens ohne seinen Willen der Reiseschriftsteller Stephens. In London besuchte er die Ausstellung »Panorama Jerusalem« mit einer Bilderserie des damals bekannten Malers Frederick Catherwood. Stephens suchte Kontakt zu Catherwood, dessen Arbeiten ihn sehr beeindruckten. Sie trafen sich in einer Londoner Teestube. Auch Catherwood war viel gereist und besaß ganze Mappen voller interessanter Zeichnungen mit Tempelmotiven aus dem Mittelmeerraum. Die gemeinsame Reiselust, das Abenteuer ferner Kontinente machte die beiden Männer zu Freunden. Wohin sollte es gehen?

Ausgerechnet zu jener Zeit zirkulierte in London das Büchlein mit Graf Waldecks Zeichnungen. Stephens und Cather-

► 195

wood zweifelten zuerst, ob es im Urwald von Mexiko tatsächlich phänomenale Ruinen gebe. Und wenn, so konnten sie
niemals von den Indios oder deren Vorfahren stammen. Die
neuen Freunde waren entschlossen, Zentralamerika zu berei-
sen und den Dingen auf den Grund zu gehen. Zuerst kehrte
Stephens nach New York zurück und wurde wieder als Jurist
tätig. Er bewarb sich um den Posten des diplomatischen Be-
auftragten der Vereinigten Staaten bei der Zentrale der latein-
amerikanischen Länder in Guatemala. Glück, Beziehungen
und sein Bekanntheitsgrad als Reiseschriftsteller meinten es
gut. Stephens wurde Diplomat, bekam den begehrten Reise-
pass und einen Stapel Empfehlungsschreiben. Zudem hatte er
die Möglichkeit, den Staat mit einem Teil seiner Reisekosten
zu belasten. Dann traf Frederick Catherwood in New York
ein. Stephens gab ihm einen Vertrag als Expeditionszeichner
und sicherte der Catherwood-Familie laufende Unterhal-
tungszahlungen zu. Am 3. Oktober 1839 brachen die Freunde
auf. Reiseziel: die umstrittenen Ruinen einer unbekannten
Kultur in Zentralamerika.

Es wurden zwei lange, abenteuerliche Reisen, in denen Stephens und Catherwood 44 Ruinenstädte besuchten, beschrieben und abzeichneten. 1841 und 1843 veröffentliche Stephens seine Berichte, die sowohl in der wissenschaftlichen Welt wie auch in der breiten Öffentlichkeit wie eine Bombe einschlugen. [45]

Der Tourist, der heute im luftgekühlten Bus zu den hervorragend restaurierten Ruinen fährt, ahnt nichts von der Mühsal, die Stephens und Catherwood vor rund 170 Jahren zu meistern hatten. Die Regenzeit hatte eben begonnen, als die Freunde, begleitet von einigen Einwohnern aus dem nahen Dörfchen Santo Domingo de Palenque, die Ruinen erreichten. Der Urwald tropfte und dampfte. Die *casas de piedras* waren unter dichtem Dschungel und Moosen verborgen, und so fanden die beiden sie zuerst nicht. Genau wie dem Grafen Waldeck blieb ihnen nichts anderes übrig, als in der ersten gefundenen Ruine Quartier zu beziehen. Nach der von Moskitos zur Hölle gemachten ersten Nacht unter einem Ruinendach war ihre ganze Habe nass; in der Feuchte des Dauerregens

▶ 196

setzten Schuhe, Kleider und Lederzeug Schimmel an, eiserne Geräte wie Spaten und Messer begannen zu rosten. Immer noch mit Humor versorgt, notierte Stephens: »Wir betrachteten uns bereits fest gebucht bei Rheumatismus.«

Stephens zahlte seinen Arbeitern 18 Cent pro Tag, aber sie waren faul, kamen zu spät und gingen früh: »Manchmal erschienen nur zwei oder drei, und der gleiche Indio kam selten ein zweites Mal, sodass während unseres Aufenthaltes alle Indianer des Dorfes bei uns rotierten.« Zu den Stechmücken, »diesen Mördern der Erholung«, gesellten sich Giftschlangen, Zecken und andere Schmarotzer. Die Nächte waren fürchterlich. Kerzen durften sie nicht anzünden, weil der Lichtschein die Plagegeister zu Tausenden anlockte. Lediglich der Qualm von Zigarren hielt die Viecher auf Distanz.

Hatten sie sich endlich durch Buschwerk und Lianen zu einer Pyramide durchgekämpft, fanden sie geborstene Steine oder Mauern vor: das Werk vom Hauptmann del Rio. Stephens entdeckte mehrere Stellen, an denen die Reliefs von Geschäftemachern weggelöst und offensichtlich verkauft worden waren. Dann standen sie überwältigt vor Wänden, aus denen grimmige Gesichter lugten. Stolz dreinblickende Statuen erheischten Respekt: »Wir waren starr vor Staunen über ihren Ausdruck von heiterer Gelassenheit und ihre starke Ähnlichkeit mit ägyptischen Statuen.« Trotz der Erinnerung an Ägypten war sich Stephens der Einzigartigkeit der Kultur jenes Volkes bewusst, das einst Palenque erbaut hatte: »Was wir gesehen haben, war großartig, rätselhaft und sehr bemerkenswert.« Nichts, schrieb er, habe ihn »im Roman der Weltgeschichte mehr beeindruckt als diese spektakuläre, große und liebliche Stadt«. In humorvollen Plauderstil verpackt, lieferte Stephens Beweise seines Sachverstandes und seiner blendenden Beobachtungsgabe. Catherwoods Illustrationen ergänzten das Werk mit präzisen Darstellungen der Bauten und Skulpturen.

Catherwood war »der erste Illustrator, der die Maya-Kunst in ihrem eigenen Stil akzeptierte«. [60] Auch heute sind Catherwoods Bilder unersetzlich, weil die in feinen Strichen herausgearbeiteten Details von der Fotografie nicht erreicht werden. Zudem zeigen die Bilder Dinge, die heute längst verschwunden sind. So steht Stephens und Catherwood das Verdienst zu, »die Zeit der wissenschaftlichen Maya-Forschung eröffnet zu haben«. [61] Stephens und Catherwood konnten zu ihrer Zeit nur rätseln und spekulieren. Die Maya-Schrift war nicht entziffert, der Maya-Kalender nicht bekannt. Ein *Popul Vuh* – die »Bibel« der Quiché-Maya – hatte niemand gelesen, geschweige denn die Chilam-Balam-Bücher oder die altmexikanischen Handschriften. Zwar war auch zu Zeiten der beiden Forscher klar, dass es um Religion und um Götter ging – doch die Deutungen darum, das eigentliche Verwirrspiel, begannen erst 120 Jahre später.

Der Ursprung von Palenque ist noch heute unbekannt. Das Wort »Palenque« stammt von den Spaniern, die damit die hölzernen Einfriedungen um die Behausungen der Indios bezeichneten. Die Geschichte der Maya hingegen ist in vielen Tempeln, insbesondere dem »Tempel der Inschriften«, nachzulesen. Danach soll am 11. März des Jahres 431 n. Chr. ein 34-jähriger Herrscher namens Bahlum Kuk den Thron bestiegen haben. Es folgte eine Dynastie von zehn Generationen, wobei der Knabe Pakal eine entscheidende Rolle einnahm. Dieser Pakal erbte den Thron von seiner Mutter und brachte es bei der Thronbesteigung gerade mal auf zwölf Jährchen. Er regierte 68 Jahre lang und wurde schließlich in der berühmten Pyramide, die man »Tempel der Inschriften« nennt, begraben. Darüber später.

Kein Bauwerk von Palenque steht zufällig an seinem Ort; alles hat mit Astronomie und dem Kosmos zu tun. Neben dem »Palast« dominiert die »Kreuz-Tempel-Gruppe« – eigentlich

kleinere Pyramiden –, wobei jeder Tempel für einen himmlischen Herrscher steht. (Bild 193 und 194) Weil der deutsche
Maya-Forscher Heinrich Berlin die Götter auf diesen Tempeln
nicht verstand, versah er sie mit Zahlen: Gott I, Gott II und
Gott III. [62] So nennt man sie heute noch. (Bild 195 und 196)
Aus den Inschriften auf dem »Tempel des Kreuzes« kennt man
sogar das Geburtsdatum von Gott I: 21. Oktober 2360 v. Chr.
Wie in Ägypten und Indien war selbstverständlich auch Gott I
ursprünglich »vom Himmel herniedergestiegen«. [63] Gott II
(mit Namen K'awiil) zeigt sich im Tempel des Blattkreuzes.
Er war der Jüngste der Dreier-Gottheit. Immerhin liegt sein
Geburtstag auch Jahrtausende in der Vergangenheit: geboren
am 8. November 2360 v. Chr. Gott III ist der Sonnengott, sein
Tempel ist der Sonnentempel. Geboren wurde er – so steht's
auf der Inschrift – am 25. Oktober 2360, also im selben Jahr
wie Gott I und Gott II. Alle drei Bauwerke der »Kreuz-Tempel-Gruppe« repräsentieren in ihrer Anordnung die Kosmo-
logie und die Königsmacht.

▶ 198

▶ 199

Die zurzeit prominentesten Maya-Schriftexperten sind Vater und Sohn David und George Stuart (*University of Texas,* Austin). Beide waren entscheidend an der Entzifferung der Maya-Schrift beteiligt und gelten unbestritten als die Top-Experten der Branche. Sie meinen, das generelle Thema der Tempel von Palenque gelte der Wiedergeburt der Götter im Himmel. »Wir sehen, dass die drei Tempel gemeinsam die Grundwerte des Kosmos symbolisieren: den Himmel, die Wasserfläche und die Unterwelt. Kein Zufall: Der Kreuztempel ist der höchste, der Sonnentempel der niedrigste, und der Tempel des Blattkreuzes symbolisiert die Mitte.« [63] (Bild 197 bis 199)

Erschufen die drei Götter I, II und III das Universum? Waren sie so etwas wie die Dreifaltigkeit in der christlichen Religion (Vater, Sohn und Heiliger Geist)? Nein, es gab Vorfahren dieser Götter, die logischerweise noch älter sein müssen als Gott I, II und III. In der Einführungstafel des Kreuztempels taucht eine Göttin aus dem Jahre 3121 v. Chr. auf, und in Tempel XIX lernt man, dass Gott I bereits 3309 v. Chr. sein Königsamt übernahm. König wovon? Von Palenque? Nein. Die Inschrift in Tempel XIX stellt klar, es ging um eine Herrschaft »im Himmel«. Irgendwann wird man sich über den Begriff »Himmel« streiten müssen.

Mit den verwirrenden Daten aus der Welt der Maya-Götter stellt sich die Frage: Ist das alles real? Wirklich so gemeint? Woher stammen die exakten Geburtsdaten: Erfindungen oder Wunschdenken der Maya-Priester? Sind irgendwelche Wesen an den genannten Daten tatsächlich im Himmel geboren worden? Oder gab es vor dem Palenque, welches die Archäologen untersuchen, bereits ein anderes »Palenque«, eine andere, viel ältere Stadt, und beziehen sich die Geburtsdaten auf jenen unbekannten Ort? Archäologisch sind keine Indizien aufgetaucht, die ein Palenque vor Palenque rechtfertigen würden. Oder – spekulativ gefragt – handelt es sich bei den Daten der diversen Götter um echte Daten, die nur in Zusammenhang mit der Raumfahrt verständlich werden? (Inzwischen ist längst bewiesen, dass für Raumfahrer in einem sehr schnellen Raumschiff die Zeit anders vergeht als für die Bewohner des Startplaneten.)

Als Tramp zwischen den Kulturen ist es meine Aufgabe, die Fachleute der Maya darauf aufmerksam zu machen, dass absurde Daten auch aus völlig anderen Weltgegenden als Zentralamerika überliefert sind. Aus Babylonien stammt ein 20,5 Zentimeter hoher Steinblock, WB 444 genannt (heute im Britischen Museum in London), auf welchem die Regierungsjahre der ältesten Könige vor der Flut aufgelistet werden.

Als das Königtum vom Himmel herabkam,
War in Eridu das Königtum.
In Eridu war Alulim König
28 800 Jahre regierte er …
Illta-sadum
Regierte 1200 Jahre
Mes-kiag-ga (ser)
Sohn des Sonnengottes
1324 Jahre
Regierte er
Der göttliche Lugal-banda
1200 Jahre regierte er …

So geht das weiter, anderthalb Seiten lang. Genauso »verrückte«
Daten liefert der antike Historiker Diodor. Er schrieb:

»*Ursprünglich sollen über Ägypten Götter und Heroen ge-*
herrscht haben, und zwar nicht weniger als 18 000 Jahre lang.
Und der letzte göttliche König war Horos, der Isis Sohn. Von
Menschenkönigen aber ist das Land regiert worden von Möris
an nicht viel weniger als 5000 Jahre bis zur 180. Olympiade, in
welcher ich selbst nach Ägypten gekommen bin.« [64]

Manetho, ein anderer Historiker, der vor Jahrtausenden in
Ägypten tätig war, behauptet:

»*Nach den Göttern regierte das Geschlecht der Götterspröss-*
linge 1255 Jahre. Und wiederum herrschten andere Könige 1817
Jahre. Nach welchen 30 Könige, memphitische, 1790 Jahre. […]
Und sodann der Göttersprösslinge Königtum 5813 Jahre.« [65]

So geht das weiter, ob in Ägypten, Babylonien, Indien, Tibet
oder gar im Alten Testament. Adam soll 930 Jahre alt geworden sein, Seth 912 Jahre, Methusalem 969 Jahre und so fort.
Mich verblüffen die Daten der Maya nicht. Wie bei den Schöpfungsmythen steckt auch hinter den unmöglichen Zahlen
irgendeine Realität. Unser Gegenwartsproblem ist die Spezia-

▶ 200

lisierung auf bestimmte Fachrichtungen. Maya-Gelehrte wissen meist nichts von den Daten auf »WB 444« oder jenen von Diodor. Wir alle leben nur ein Leben, und dies ist zu kurz, um auf mehreren Gebieten Spezialist zu sein.

Auf der dritten Tafel des Tempels der Inschriften von Palenque taucht im Zusammenhang mit dem »Knaben König Pakal« sogar ein Datum auf, das 1 247 654 Jahre in der Vergangenheit liegt. Damit nicht genug: Die Maya-Schriftexperten David und George Stuart weisen darauf hin, dass in Palenque auch Daten in die Zukunft projiziert wurden:

»Pakals offensichtliche ›Zeitlosigkeit‹ wird auf einer Tafel hervorgehoben durch seine erneute Auferstehung (Auftauchen) 4000 Jahre in der Zukunft.« [63]

Die Daten sind da, eingemeißelt in Stein. Und weil wir alles einordnen müssen, bündeln wir unsere Gedanken nach der Logik des Zeitgeistes. Was sonst? Werden zukünftige Generationen vielleicht über unsere Logik lächeln?

Tief im Boden unter der Pyramide, die »Tempel der Inschriften« genannt wird, liegt das Grab jenes Herrschers, K'inich

Janaab Pakal. Er war der größte Herrscher Palenques, und sein Bauwerk hat's in sich. (Bild 200) Es liegt an der Südwestecke des sogenannten Palacios und thront auf einer 16 Meter hohen Pyramide aus neun aufeinandergetürmten Sockeln. Im Jahre 1949 wirkte der mexikanische Archäologe Dr. Alberto Ruz Lhuillier als Chefausgräber in Palenque. Ihn interessierte vor allem der Tempel der Inschriften, denn seine Vorgänger hatten dort kaum gebuddelt. Eines Tages bemerkte er auf dem Boden der oberen Plattform, dort, wo die Inschriften an der Wand kleben, ein Rechteck. Beim Freilegen einer Platte wurde der Ansatz einer Treppenstufe sichtbar. Offensichtlich führte die Treppe ins Innere der Pyramide, doch sie war mit Steinen und Schutt vollgepfropft. Die Arbeit wurde zur Qual. Je tiefer die Ausgräber vordrangen, desto kompakter wurde der Schutt und desto schwerer die Steinbrocken. Stein um Stein wurde von den Männern hochgewuchtet, jeder Kübel mit Schutt einzeln ins Freie getragen. Schließlich waren 23 Stufen freigelegt. Alberto Ruz war überzeugt, die Arbeiten im kommenden Jahr beendigen und der Pyramide ihre Geheimnisse entreißen zu können.

▶ 201

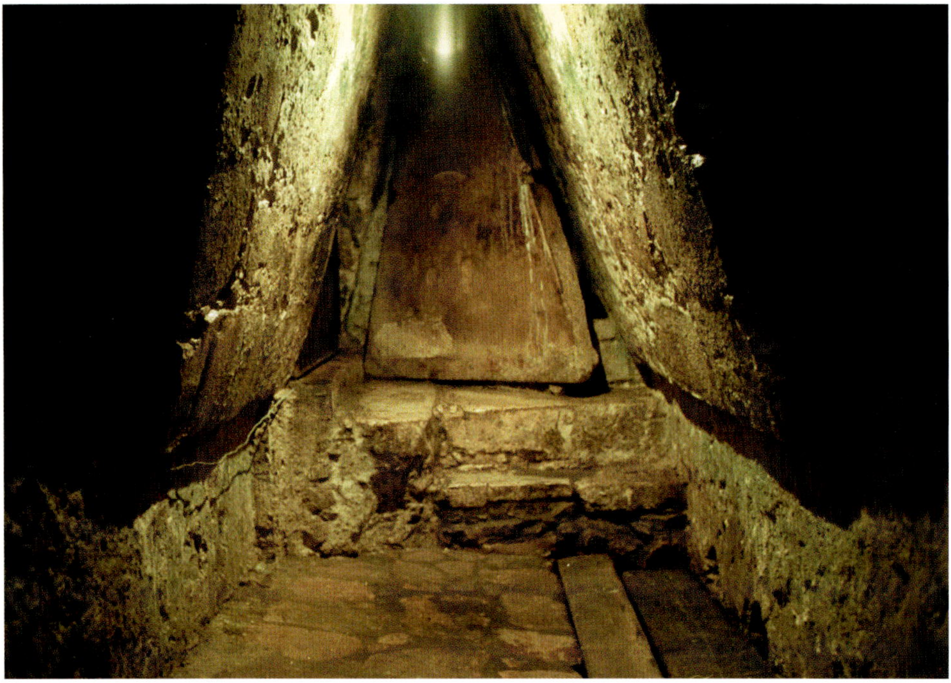

▸ 202

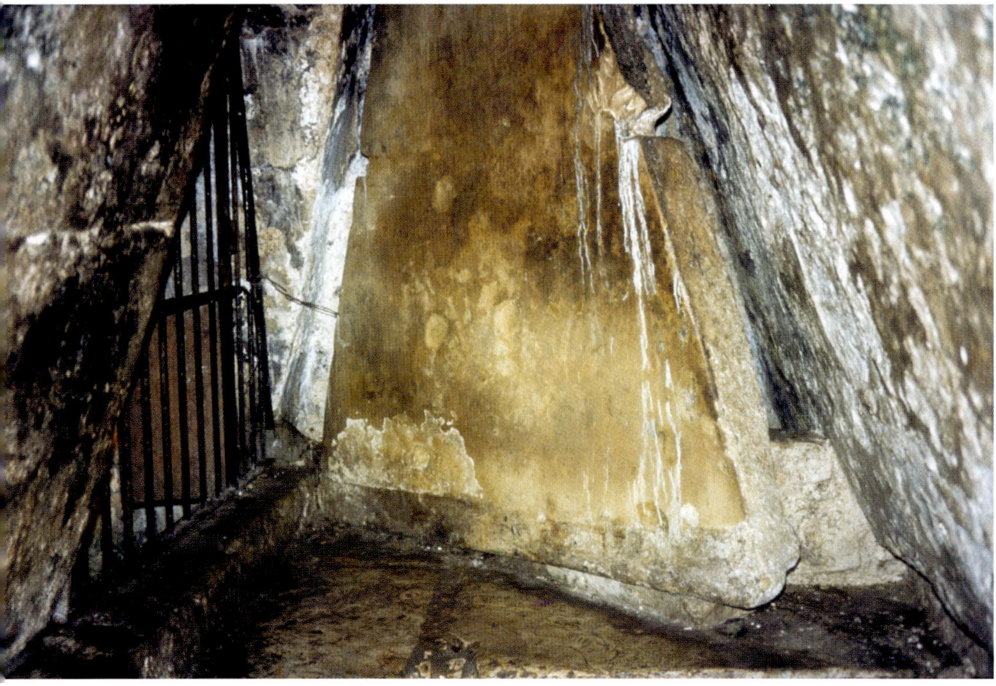

▸ 203

In der nächsten Ausgrabungssaison wurden weitere 21 Stufen vom Dreck befreit. Wer nur hatte vor Jahrtausenden dort unten irgendetwas versteckt und absichtlich wieder zugeschüttet? (Bild 201) Endlich, bei der 45. Stufe im Innern der Pyramide, verlief der Boden eben und machte eine U-Krümmung. Dann aber setzte sich die Treppe in östlicher Richtung fort. Ein Jahr später wühlten sich die Männer weiter in die Tiefe. Da tauchte in einer Wand ein rechteckiges Loch auf, und die Ausgräber konnten buchstäblich aufatmen. Die Öffnung entpuppte sich als Ventilationsschacht, der durch eine acht Meter dicke Mauer zur Westseite der Pyramide verlief.

1952. Eine neues Hindernis aus Stein und Mörtel behinderte das Fortkommen. Die schweißtriefende Sisyphosarbeit in der feuchten, heißen Pyramide wollte nicht enden. Nach einigen Stufen standen die Ausgräber vor einer vier Meter dicken Wand. Da wurden Knochen von geopferten Jünglingen gefunden. Am 15. Juni 1952 stand Dr. Ruz mit seiner Mannschaft vor einer dreieckigen Tür. (Bild 202 und 203) Mit Stemmeisen wurde sie eine Handbreit zur Seite geschoben. Dr. Ruz hielt eine Taschenlampe durch die Öffnung und presste sein Gesicht auf die feuchte Platte. Atemlos schilderte er seinen Männern, was er sah:

»Zuerst bemerkte ich einen großen, leeren Raum, eine Art Eisgrotte, deren Wände und Decke mir vorkamen wie perfekte Flächen, wie eine aufgegebene Kapelle, von deren Decke ganze Vorhänge von Stalaktiten hingen. Als ob es dicke, tropfende Kerzen wären.« [66]

Von den Wänden, an denen farbige Reliefs mit Figuren klebten, glitzerte es wie Schneekristalle. Der Boden der Krypta war von einer einzigen, nahezu vier Meter langen Platte voller Glyphen bedeckt. Als die dreieckige Türe genug geöffnet war, um die Männer durchzulassen, wurden in der Ungeduld und Neugier des aufregenden Augenblicks die Stalaktiten (Tropfsteine) von der Decke geschlagen. Schade! Wäre doch nur ein einziger Stalaktit übrig geblieben, ließe sich berechnen, wie alt dieser unterirdische Raum war. Tropfsteine vergrößern sich Jahr für Jahr um einige Millimeter oder Zentimeter, je nachdem, ob das Wasser durch Kalk- oder Granitschichten tröpfeln muss. Die Krypta unter der Pyramide ist immerhin neun Meter lang, vier Meter breit und sieben Meter hoch. Über Palenque mag es Jahrhunderte, Jahrtausende geregnet haben, Wasser drang durch das Gemäuer. Doch solange die Tempelstadt aktiv war, haben die Maya ihre Heiligtümer gepflegt, die Risse in den Bauwerken vermörtelt. Zudem leuchteten die Bauten ohnehin farbig. Wasser wird nur wenig durch die Ritzen in die unterirdische Kammer getröpfelt sein. Erst als Palenque unbewohnt war, entstanden Risse in der Pyramidenhaut, konnten sich Samen von Gewächsen in den Spalten einnisten und die Steine sprengen.

▶ 204

▸ 205

Der entdeckte Raum lag zwei Meter unter der Basis des Tempels der Inschriften (= Pyramide). Die Hieroglyphenplatte am Boden erwies sich als ein einziger Monolith, 3,80 Meter lang und 2,20 Meter breit. (Bild 204) 25 Zentimeter dick und runde acht Tonnen schwer. Unter der Platte ein Sarkophag. (Bild 205) Rasch war klar, dass diese »Grabplatte« wie sie heute genannt wird, niemals durch die engen Treppen im Innern der Pyramide transportiert worden sein konnte. Die Kammer mit der Platte existierte vor der Pyramide. Zuerst die unterirdische Krypta und später das darüber liegende Bauwerk.

► 206

Seit der Entdeckung durch Alberto Ruz Lhuillier sind 60 Jahre verstrichen, in denen die verschiedensten Deutungen zu dem phänomenalen Relief auf der Platte dargeboten wurden. (Bild 206; ich zeige das Bild zuerst im Querformat, später im Hochformat) Der Entdecker, Alberto Ruz, meinte, es handle sich …

»[…] Um einen jungen Mann, zurücklehnend auf eine große Maske des Erdmonstrums. […] Über seinem Körper steht ein Kreuz, identisch mit dem berühmten Kreuz eines anderen Tempels in Palenque. Aus einer doppelköpfigen Schlange quellen kleine mythologische Gestalten, darüber ein Quetzalvogel mit der Maske des Regengottes. Wir dürfen annehmen, dass die Szene fundamentale Konzepte der Maya-Religion darstellt.« [66]

Der Amerikanist Herbert Wilhelmy erkannte in der Zentralfigur den Maisgott Yum Kox. [61] Pierre Ivanoff widersprach:

»Die symbolische Bedeutung dieser merkwürdigen Darstellung gibt einige Rätsel auf. Der Totengott ist durch seine Verbindung zur Unterwelt nach dem Glauben der Maya zugleich der Gott der fruchtbaren Erde. Der Mann über ihm gleicht in seiner aufschnellenden Haltung dem entstehenden Leben. Sein Gesicht erinnert an das des Maisgottes, er könnte deshalb die Inkarnation der keimenden Natur sein. Autorität und Macht werden *zusammen mit dem Zeremonialstab von dem gevierteilten Universum getragen, dem Kreuz, das zugleich ein Abbild der Welt, der Zeit und des Wechsels der Gewalt ist. Der Vogel Moan schließlich symbolisiert den Tod.«* [67]

Der Prager Professor Miloslav Stingl trug eine andere Brille:

»Man erkennt die Figur eines jungen Mannes, in dem jedoch offensichtlich keine konkrete Person, sondern der Mensch – die Menschengattung schlechthin – dargestellt ist. Ein Kreuz wächst aus seinem Körper heraus, das den lebensspendenden Mais symbolisiert. Aus den Maisblättern ringeln sich zu beiden Seiten doppelköpfige Schlangen hervor. […] Dem Körper des Jünglings entwächst also das Leben, aber er selbst ruht auf dem Antlitz des Todes – dem abstoßenden Haupt eines fantastischen Tieres, aus dessen Rachen spitze Stoßzähne hervorragen.« [68]

Die berühmte Maya-Archäologin Prof. Dr. Linda Schele erkennt:

»In seiner tief unterhalb des Höhlentempels im Kern der Pyramide gelegenen Grabkammer hat Pakal die Todesdaten der oben in der Tempelhalle genannten Könige aufzeichnen lassen. Außerdem ließ er diese als einen Baumgarten von aus Erdspalten herauswachsenden Ahnen figürlich auf den Seitenwänden seines Sarkophags darstellen.« [69]

Im Laufe der Jahre – so ist das in der lebendigen Wissenschaft – wurden neue Vorschläge geäußert. Sie reichten vom »Erdungeheuer« zu den »stilisierten Barthaaren des Wettergottes«, vom »Lebenskreuz« bis zu den »abgebrochenen Rattenschwänzen«. Auf der Grabplatte entdeckte jeder etwas anderes. Markus Eberl, einer der anerkannten Maya-Spezialisten neueren Datums, kommentiert die Darstellung auf der Platte so:

»In eindringlicher Weise berichtet die Inschrift auf dem Deckel, der K'inich Janaab Pakals Sarkophag verschließt, was ihn nach seinem Tod erwartete: Dem Ruf seiner Vorfahren und

Ahnen folgend, betrat er den Weg in die Unterwelt, den vor ihm bereits seine Vorgänger gegangen waren. [...] Der Sarkophagdeckel hält einen entscheidenden Moment des Jenseitsganges fest. [...] Der Herrscher entsteigt dem skelettierten Rachen der Unterwelt in der Gestalt des jungen Maisgottes [...] aus ihm wächst der kreuzförmige Weltenbaum, der den Weg des Toten in das Jenseits markiert.« [70]

In einem anderen Werk präzisiert Frau Prof. Dr. Linda Schele ihre Betrachtung zur Grabplatte so:

»Das Bild auf dem Sarkophagdeckel zeigt Pakals Tod und seine Reise in die Unterwelt. Die gesamte Szene wird eingerahmt durch das Himmelsband mit Kin (›Tag‹ oder ›Sonne‹), in den Winkeln oben rechts und links mit Akbal (›Nacht‹ oder ›Dunkelheit‹). Das kosmische Ereignis, das Pakals Weg in den Tod zeigt, ist die Bewegung der Sonne von Ost nach West.« [71]

Das geht so weiter über die Jahrzehnte. Meinungen, Monster, Missverständnisse. Noch eine Fachmeinung gefällig?

»Die Szenerie auf der Platte gleicht sehr stark den Darstellungen auf dem Kreuz- und Blattkreuztempel. Doch diesmal balanciert eine Person gefährlich auf dem grotesken Haupt des Erdmonsters. Vom Körper des Mannes wächst ein kreuzähnlicher Baum, dessen Äste in Schlangenköpfen enden. Wie in anderen Skulpturen Palenques überblickt ein wunderbar stilisierter Vogel von seinem Sitz im Baum die Szene.« [72]

Die Geschichte der Interpretation bleibt lebendig. Gott sei Dank, möchte ich anfügen, denn schließlich verstehen die Maya-Spezialisten immer mehr der alten Glyphen. Die absoluten Top-Leute der Maya-Epigrafik (Entzifferung) sind David und George Stuart. In der Inschrift lesen sie die Geschichte des Knabenkönigs Pakal bis zu seinem Tod.

»Die Inschrift endet mit der Festhaltung des Todes von Pakals Frau Ix Tz'akbu Ajaw im Jahre 672, gefolgt vom Todestag von Pakal selbst im Jahre 683.« [63]

Das Duo Stuart und Stuart vermerkt aber auch: »Als Ganzes betrachtet, kann der Sarkophag als gewissenhaft zusammengestelltes Modell des Kosmos betrachtet werden. […] Im Zentrum der Ornamente sieht man die zurückgelehnte menschliche Gestalt von K'inich Janaab Pakal, umgeben von einem Komplex kosmologischer Vorstellungen. Das himmlische Band umrahmt die gesamte Szene und weist auf die Dinge im Himmel hin.«

Sahen frühere Interpreten auf der Platte noch einen »Quetzalvogel«, plädieren Stuart und Stuart für einen »übernatürlichen Vogel«. Und war man sich in der bisherigen Ansicht einig, König Pakal stürze in das Erdungeheuer hinein, sieht das die aktuelle Lehrmeinung anders: König Pakal steigt aus der Erde hinauf.

»Diese neue Deutung wird klar durch die Sonnenschüssel gezeigt, welche im hieroglyphischen Text mit den Zeichen ›el‹, das bedeutet ›austreten, steigen‹ oder manchmal auch ›brennen‹, und meistens im Wort el-k'in (›Osten, aufsteigende Sonne‹) gebraucht wird. Deshalb ist es vernünftig, dass Pakals Haltung in der Sonnenschüssel ausdrücklich in Richtung Osten weist, das heißt *auf eine aufsteigende Bewegung von Pakal, heraus aus der Erde mit dem Sonnenaufgang.*« [63; Hervorhebung durch den Autor]

Und was ist mit diesem ominösen »Lebensbaum« oder »Lebenskreuz«, das vor Pakals Brust liegt? Stuart und Stuart sehen darin einen »abstrakten Baum«, der wegen seiner Kreuzform von Fachleuten oft als »Weltenbaum« bezeichnet wird, obschon damit nichts Vernünftiges ausgesagt wird. »Für die Maya hatten Bäume immer eine sehr komplexe und wichtige, kosmologische Bedeutung.«

Entscheidend in der neuesten Deutung der Grabplatte von Palenque bleibt die Feststellung, dass Pakal nicht in irgendeine Unterwelt fährt, sondern himmelwärts.

► 207

Genau dies ist mein Anliegen seit 50 Jahren. Selbstverständlich stellt das »Lebenskreuz« oder der »Lebensbaum« keine Rakete dar (Bild 207); aber es handelt sich um etwas Missverständliches aus der Cargo-Schule. Wenn schon die Fachwelt mit den vagen Begriffen »Lebensbaum« und »Lebenskreuz« wenig Vernünftiges anfangen kann, müssten doch andere Sichtweisen möglich sein, oder? Linda Schele erkennt den »Weltenbaum mit Himmelsvogel« und ein »Kan-Kreuz-Seerosen-Monster«. [69] Auch existiert auf der Platte ein »Himmelsband« (Scheele), und die beiden gerippten, rechts und links aus dem »Lebensbaum« herauswachsenden Kurven sind »stumpfnasige Drachen« (Scheele). Anderswo las ich auch schon, es handle sich um abgebrochene Rattenschwänze. Nun haben die Maya-Archäologen und -Epigrafen sicher hervorragende Arbeit geleistet. Spinner oder Anhänger irgendwelcher Verschwörungstheorien sind nicht darunter. Man versucht rechtschaffen und mit viel Sachverstand zu erklären, was schwer verständlich ist. Doch letztlich unterliegt jedes Denken der Vernunft. Und die ändert sich von Generation zu Generation.

Tatsache bleibt dennoch, dass König Pakal in einer einzigartigen Haltung dargestellt wird. Er sitzt vornüber geneigt Richtung Osten, der aufgehenden Sonne zu – und dies nach neuestem Stand, also nicht mehr zwischen den Eckzähnen eines »Erdmonstrums«, in das er hineinstürzt. Er fliegt von der Erde weg. (Bild 208) Die obere Hand ist auf zwei Finger zugespitzt, als ob sie eine Feineinstellung vornehmen würde. Bei der unteren Hand erkennt man die vier Finger des Handrückens, eingewinkelt. Sie drehen etwas auf. Zudem, so die Fachmeinung von Vater und Sohn Stuart, kann die Platte »als Ganzes betrachtet als gewissenhaft zusammengestelltes Modell des Kosmos betrachtet werden«.

▶ 208

▶ 209

Im Cargo-Kult-Denken existieren keine perfekten technologischen Darstellungen, weil bereits die Urväter, die etwas Technisches erblickten, nichts damit anfangen konnten. Schon sie hatten keinen blassen Schimmer von dem, was sie sahen, geschweige denn ihre Nachfahren Jahrhunderte oder gar Jahrtausende später. Da wurden göttliche Gegenstände überliefert, die irgendeine verblüffende Wirkung erzielten: Sie konnten fliegen, schießen, Licht machen, Beben verursachen und selbstverständlich auch ausgesuchte Menschen hochheben. Ein Auto mit Scheinwerfern und Kühler wird für Steinzeitmenschen zum Gesicht mit leuchtenden Augen und riesigem Mund. Diese Begegnungen mit den fremden Gegenständen wandern unauslöschlich in die Gehirne der Menschen. Zu eindrücklich, zu gewaltig, zu fremd, zu »göttlich«, zu mächtig waren die Konfrontationen der damaligen Menschen mit der fremden Technologie, als dass sie je wieder aus den Erinnerungen gelöscht werden konnten. Umso mehr, als die Priester das Unerklärliche ständig ihren Völkern einhämmern und die Künstler es in Stuckaturen, Statuen und Tempeln zu Kunstwerken umsetzen. So etwas lebt unausrottbar von Generation zu Generation weiter. Die heute lebendigen Religionen beweisen es doch. Trotz Geschichtsbüchern und den Evangelien wissen wir nicht, was sich zu Jesu Zeiten tatsächlich abspielte. Doch wir glauben auch nach zwei Jahrtausenden an den Unsinn von »unbefleckter Empfängnis«, »Himmelfahrt«, »Erweckung von den Toten« etc. Vor Jahrtausenden war es nicht anders. Unsere technisch unbedarften Steinzeitleute begriffen nichts – aber es beeindruckte sie ungeheuer. Logischerweise verstanden ihre Nachfahren noch weniger – doch die Götter mitsamt ihren Gegenständen wurden weiter verehrt. Das Mysterium bleibt ein Mysterium. Alles Göttliche ist mysteriös. Das nennt man Cargo-Kult. Mit dieser Voraussetzung im Hinterkopf erkenne ich viele missverstandene Kultgegenstände im Maya-Land, einschließlich der Grabplatte von Palenque. Wobei es bei der Cargo-Betrachtung keine Rolle spielt, ob das Bild waagerecht oder senkrecht betrachtet wird. (Bild 209)

▶ 210

Andächtig übernehmen wir aus der Maya-Welt Worte, die nun mal wissenschaftlich klingen, aber dennoch realitätsfremd bleiben. Was sagen Begriffe wie: doppelköpfiges Schlangenband, viergeteiltes Sonnenmonster, Rachen der Unterwelt, Weltenbaum, quadratische Drachennase, übernatürlicher Vogel, Kan-Kreuz-Seelenmonster, stumpfnasige Drachen, etc. – alle auf die Grabplatte bezogen? Ein Wulst von Vorstellungen, die nur unter einem ganz bestimmten Modell sinnvoll werden, und selbst dann mit einer Portion andächtigen Glaubens. Die Argumentation, der »stumpfnasige Drache« tauche auch auf anderen Maya-Tempeln auf, genauso wie das »viergeteilte Monster« oder der »übernatürliche Vogel«, und deshalb sei die gegenwärtige Betrachtung zwingend, sticht nicht. Weshalb? Weil die Deutungen von Anfang an in die falsche Richtung liefen. Die Lesung einer Glyphe muss nicht der Sinn der Glyphe sein. Ein »Lichtjahr« ist nicht die Stromrechnung für ein Jahr.

Pakal, der beerdigte König von Palenque, war kein legitimierter Thronfolger. Deshalb – so die Lehrmeinung – erfand seine Familie eine Geschichte, um dem Volk einen himmlischen Herrscher zu präsentieren. So avancierte Pakal zu einer Wiedergeburt der früheren Götter. Sein Sohn Chan-Bahlum erhärtete diesen Anspruch. Er vergöttlichte seinen Vater und beschrieb auf seiner Pyramide die Erschaffung der Erde. Zwingenderweise musste der Vater Pakal als Abkömmling der Götter auch dabei eine wichtige Rolle spielen. Da diese Auffassung so und nicht anders aus den Glyphen von Palenque abzulesen ist, lassen sich keine anderen Schlüsse daraus ziehen. Nur einen bescheidenen Einwand wage ich vorzubringen: Weshalb eigentlich werden von den »Göttersöhnen« anderer Kulturen (Tibet, Ägypten, Indien, Babylon etc.) genauso bescheuerte Alter wie diejenigen in der Maya-Welt überliefert? Litten die Königsdynastien unserer Vorfahren weltweit am gleichen Hirngespinst? Oder gibt es irgendwo im globalen Pantheon der Götter eine Gemeinsamkeit, die uns entgangen ist?

Alle Tempel der buddhistischen Kultur kennen die Stupa-Form. Ob in Indien, Indonesien, Myanmar, Thailand etc. – die Stupas sind allgegenwärtig. Für den Westmenschen sieht ein Stupa aus wie eine Glocke mit Griff. (Bild 210) Im Buddhismus hat der Stupa verschiedene Bedeutungen, eine davon lautet, er sei das kleine Fahrzeug zur großen Welt der Götter. Deshalb sind die Stupas nicht leer. (Bild 211) Der junge Buddha sitzt da-

► 211

rin und vollführt mit seinen Händen rituelle Bewegungen, die
sein kleines Fahrzeug mit dem großen himmlischen Fahrzeug
der Götter verbinden soll. Nicht anders als Pakal in seinem
»kosmischen Rahmen« auf der anderen Seite der Erdkugel.
Wie wär's mit einer neuen Wissenschaft? Central-American
Indology.

Ist möglicherweise einiges auf dem weiten Erdenrund viel
zusammenhängender und trotzdem einfacher, als wir Schlaumeier kombinieren?

Literaturverzeichnis

[1] Bitterli, Urs: *Die Wilden und die Zivilisierten.* München 1976

[2] Columbus, Christoph: *Das Bordbuch von 1492 und andere Aufzeichnungen.* Hrsg.: R. Grün, Tübingen 1970

[3] Hagen, Victor von: *Die Wüstenkönigreiche Perus.* Bergisch Gladbach 1979

[4] Verne, Jules: *Die grossen Seefahrer und Entdecker.* Zürich 1974

[5] Däniken, Erich von: *Der Götter-Schock.* München 1992

[6] Guariglia, Guglielmo: »Prophetismus und Heils-erwartungsbewegungen als völkerkundliches und religionsgeschichtliches Problem«. In: *Wiener Beiträge zur Kulturgeschichte und Linguistik.* Bd. XIII, Wien 1959

[7] Hurley, Frank: *Perlen und Wilde.* Leipzig 1926

[8] Palacio, Diego Garcia de: *Carta dirigida al Rey de España.* Honduras und San Salvador 1576

[9] Girare, Rafael: *Die ewigen Mayas.* Zürich 1969

[10] Josyer, G. R.: *Vymaanika-Shaastra or Science of Aeronautics.* Mysore, Indien 1973

[11] Kanjilal, Dileep Kumar: *Vimanas in Ancient India.* Calcutta 1985

[12] Däniken, Erich von: *Grüße aus der Steinzeit.* Rottenburg 2010

[13] Däniken, Erich von: *Der Götter-Schock.* München 1992

[14] Däniken, Erich von: *Habe ich mich geirrt?*
München 1991

[15] Geldner, Karl-Friedrich: *Der Rig-Veda,* II. Teil.
Wiesbaden 1951

[16] »Kebra Negest: Die Herrlichkeit der Könige«.
*Abhandlungen der philosophisch-philologischen Klasse
der Königlich-Bayrischen Akademie der Wissenschaften.*
Hrsg.: Carl Bezold. 23. Band, 1. Abt., München 1905

[17] »Das Buch Henoch«. In: *Apokryphen und
Pseudigraphen des Alten Testaments,* Bd. II.
Übers. von Prof. Dr. Emil Kautsch. Tübingen 1900

[18] Riessler, Paul: *Altjüdisches Schrifttum außerhalb
der Bibel.* Augsburg 1928

[19] *Die Heilige Schrift des Alten und des Neuen Testaments.*
Stuttgart 1972

[20] Faulkner, R. O.: *The Ancient Egyptian Pyramid Texts.*
Oxford 1969

[21] Brugsch, Heinrich: *Die Sage von der geflügelten Sonnenscheibe nach altägyptischen Quellen.* Göttingen 1870

[22] Sahagún, Bernardino de: *Historia general de las cosas
de la Nueva España.* Madrid o. J.

[23] Seler, Eduard: *Gesammelte Abhandlungen zur Amerikanischen Sprach- und Altertumskunde.* Bd. IV, Graz 1961

[24] Séjourné, Laurette: *Pensiamento y religion en el México
Antiguo.* Mexiko 1957

[25] Irwin, Constance: *Fair Gods and Stone Faces.*
London 1964

[26] Harleston, Hugh: »A mathematical analysis of Teotihuacán«. In: *XLI International Congress of Americanists*. Mexiko 1974

[27] Krannich, Paul H.: *Teufelswerk. Ein Sachbuch über exakte Naturwissenschaft in der Steinzeit.* BOD, Norderstedt 2010

[28] Feix, Wolfgang: »Eine Botschaft von Alpha Centauri? Die Große Pyramide von Giseh und die Sonnenpyramide von Teotihuacán als Träger kosmolinguistischer Daten«. In: *Kosmische Spuren.* Hrsg.: Erich von Däniken. München 1988

[29] Lehmann, Walter: *Die Geschichte der Königreiche von Colhuacan und Mexico.* Stuttgart/Berlin 1938

[30] Nicholson, Irene: *Mexican and Central American Mythology.* London/New York 1967

[31] Anders, Ferdinand: *Das Pantheon der Maya.* Graz 1963

[32] Dittrich, Arnost: *Der Planet Venus und seine Behandlung im Dresdner Maya-Kodex.* Preußische Akademie der Wissenschaften, Phys.-math. Klasse XXIV, 1937

[33] Rowan-Robinson, Michael: »Mayan Astronomy«. In: *New Scientist,* 18. Oktober 1979

[34] Henseling, Robert: Das Alter der Maya-Astronomie. In: *Forschungen und Fortschritte. Nachrichtenblatt der deutschen Wissenschaft und Technik.* Berlin, 25. Jahrg., Heft 3+4, Februar 1949

[35] Roys, Ralph L.: *The Book of Chilam-Balam of Chumayel.* Washington 1933

[36] Craine, Eugen & Reindorp, Reginald: *The Codex Perez and the Book of Chilam-Balam of Mani.* University of Oklahoma 1979

[37] Brasseur de Bourbourg, Charles-Etienne: *Histoire des nations civilicées du Mexique et de l'Amerique-Centrale.* Tome I–VI, Paris 1857, 1858, 1859

[38] Schultze-Jena, Leonhard: *Popol Vuh – Das heilige Buch der Quiché-Indianer von Guatemala.* Stuttgart/Berlin 1944

[39] Apelt, Otto: *Platon – Sämtliche Dialoge.* Kritias und Timaios. 1922

[40] Herodot: *2. Buch der Historien,* Kap. 141 und 142.

[41] Sahagún, Bernardino de: *Wahrsagerei, Himmelskunde und Kalender der alten Azteken.* Übers.: Schultze-Jena. Stuttgart 1950

[42] Grunfeld, Frederic V.: *Spiele der Welt – Tlachtli.* Schweiz. Komitee für UNICEF, Zürich o. J.

[43] Landa, Diego de: *Yucatán Before and after the Conquest.* Translated by William Gates. New York 1978

[44] Makemson, Worcester M.: *The Book of the Jaguar Priest. A translation of the Book of Chilam Balam of Tizimin with commentary.* New York 1951

[45] Stephens, John L.: *Incidents of Travel in Central America, Chiapas and Yucatán.* Vol. I 1841, Vol. II 1843

[46] Riessler, Paul: *Altjüdisches Schrifttum außerhalb der Bibel.* »Die Apokryphe des Abraham«. Augsburg 1928

[47] Westphal, Wilfried: *Die Maya – Volk im Schatten seiner Väter.* München 1977

[48] Blanton, Richard E.: *Monte Albán, Settlement Patterns at the Ancient Zapotec Capital.* Academic Press, New York City 1978

[49]   Marcus, J. & Flannery K.: *Zapotec Civilisation.*
       How Urban Society Evolved in Mexico's Oaxaca Valley.
       London 1996

[50]   Buck, Peter: *Vikings of the Pacific.* Chicago 1972

[51]   Handy, Edward Smith Craighill: *The Native Culture in
       the Marquesas.* B. P. Bishop Museum, Bulletin Nr. 9,
       Honolulu 1923

[52]   Handy, Edward Smith Craighill: *Polynesian Religion.*
       Bulletin Nr. 34, Honolulu 1927

[53]   Andersen, Johannes C.: *Myths and Legends of the
       Polynesians.* Vermont 1969

[54]   Talu, Alaima u. a.: *Kiribati – Aspects of History.*
       Tawara 1979

[55]   Simon, Pedro: *Noticias Historiales de las Conquistas de
       Tierra Firma en las Indias Occidentales.* Bogota 1890

[56]   Frischauer, Paul: *Es steht geschrieben.* München 1967

[57]   Stone, Doris: »A Priliminary Investigation of the Flood
       Plain«. In: *American Antiquity,* 9. Juli 1943

[58]   Däniken, Erich von: *Der Tag, an dem die Götter kamen.*
       München 1984

[59]   Fagan, Brian M.: *Die vergrabene Sonne.* München 1979

[60]   Kampen, M. E.: *The Religion of the Maya.*
       Leiden 1981

[61]   Willhelmy, Herbert: *Welt und Umwelt der Maya.*
       München 1981

[62]   Berlin, H.: »The Palenque Triad«. *Journal de la Société
       des Américanistes.* Vol. LL II. Paris 1963

[63]   Stuart, David & George: *Palenque, Eternal City of the Maya.* London 2008

[64]   Diodor von Sizilien: *Geschichts-Bibliothek.* Stuttgart 1866

[65]   Pessl, H. v.: *Das Chronologische System Manethos.* Leipzig 1878

[66]   Ruz Lhuillier, Alberto: »The Mystery of the Temple of the Inscriptions«. In: *Archaeology,* Band VI. Cambridge/Mass. 1963

[67]   Ivanoff, Pierre: *Maya – Monumente großer Kulturen.* Luxemburg 1974

[68]   Stingl, Miloslav: *Den Maya auf der Spur.* Leipzig 1971

[69]   Schele, Linda & Freidel, David: *Die unbekannte Welt der Maya.* München 1990

[70]   Eberl, Markus: »Tod und Seelenvorstellungen«. In: *Maya, Gottkönige im Regenwald.* Hrsg.: Nikolai Grube. Köln 2000

[71]   Schele, Linda & Miller, Mary Ellen: *The Blood of Kings.* Fort Worth 1986

[72]   Merle, Greene; Rands, Robert; Graham, John: *Maya Sculptures.* Berkeley 1972

Bildquellen

Bild 1: Illustration aus Jules Verne: *Die großen Seefahrer und Entdecker,* Zürich 1974

Bild 2 und 3: Aus dem Film *Erinnerungen an die Zukunft.* Archiv EvD

Bild 4 und 5: *Musée de l'Homme,* Paris

Bild 7: Hurley, Frank: *Perlen und Wilde.* Leipzig 1926

Bild 8: NASA, PAO, Washington, USA

Bild 19: Fátima-Kinder

Bild 51 und 52: Aus dem Film *Erinnerungen an die Zukunft.* Archiv EvD

Bild 90 und 91: Tatjana Ingold, CH-Solothurn

Bild 95: *Instituto Nacional de Antropologia e Historia,* Mexico City

Bild 103: Computerbild von Ralf Lange, CH-Zuchwil

Bild 110 und 111: Rudolf Eckhardt, Berlin

Bild 122 und 122: SAT I TV-Serie *Auf den Spuren der All-Mächtigen.* 1993

Bild 154 und 155: Gemäldegalerie im Regierungspalast von Mexico City. Foto: EvD

Bild 189: Doris Z. Stone, Guatelama City 1944

Bild 125, 127, 193–202: Mathias Lang, Kandern, Deutschland

Alle anderen Bilder:
Erich von Däniken. Archiv EvD:
Copyright © Erich von Däniken,
CH-3803 Beatenberg, Schweiz

Liebe Leserin, lieber Leser,

zu guter Letzt möchte ich Ihnen noch die *Gesellschaft für Archäologie, Astronautik und Seti* vorstellen – abgekürzt AAS. Wir suchen nach neuen Antworten, weil die alten weitgehend unbefriedigend sind.

Es ist unser Ziel, einen anerkannten Beweis für die Existenz eines Besuches von Außerirdischen auf unserer Erde in früheren Zeiten zu erbringen. Dabei wollen wir den Grundregeln des wissenschaftlichen Erkenntnisgewinns folgen, uns aber nicht von bestehenden Dogmen oder Paradigmen eingrenzen lassen.

Im Zwei-Monats-Rhythmus geben wir die Zeitschrift *Sagenhafte Zeiten* heraus, die allen Mitgliedern der AAS zugestellt wird. Wir organisieren nationale und internationale Konferenzen sowie Treffpunkte und führen Studienreisen zu interessanten archäologischen Stätten durch.

Unser jährlicher Mitgliedsbeitrag beläuft sich auf rund 40 Euro (Stand 2011). Namhafte Wissenschaftler gehören zu uns, doch auch Laien aller Berufsgruppen.

Ich würde mich freuen, wenn Sie weitere Gratisauskünfte über die AAS erbitten bei:

AAS, Postfach, CH-3803 Beatenberg
www.sagenhaftezeiten.com
E-Mail: info@sagenhaftezeiten.com

Wer nicht glauben will, soll sehen!

■ **Mit diesem Bildband öffnet Erich von Däniken sein einzigartiges Bildarchiv der Spurensuche nach unseren kosmischen Lehrmeistern, die vor Jahrtausenden zur Erde gekommen waren. Die besten und eindrucksvollsten Bildzeugnisse aus prähistorischer Zeit werden zusammen mit kurzen und prägnanten Erläuterungen in diesem Band veröffentlicht.**

Erich von Däniken war über Jahrzehnte in der ganzen Welt unterwegs, hat rätselhafte Phänomene untersucht und akribisch alle Beweise für einen Kontakt mit den Besuchern aus dem Weltraum gesammelt. Hatten außerirdische Besucher vor mehreren Tausend Jahren untrügliche Spuren auf der Erde hinterlassen?

Die Bilder sprechen für sich.

Noch nie sind die Argumente Dänikens greifbarer und augenscheinlicher dargestellt worden. Diese Fülle an Beweisen lässt auch mögliche Kritiker zweifelnd und gleichermaßen staunend innehalten.

»In der Steinzeit stimmt definitiv etwas nicht!«, schreibt der Autor. Und zu Recht fragt er, wie diese Menschen, die weder die technischen Mittel noch die Kenntnisse dazu hatten, astronomische Großanlagen oder Zeitmesser für die Ewigkeit hinterlassen konnten. Was trieb sie dazu? Wer wies sie an?

In Carnac, in der Bretagne, setzten sie Tausende von schweren Granitblöcken in schnurgeraden Kolonnen in die Landschaft. Nicht irgendwohin, sondern auf Basis riesiger, geometrischer Muster. Immer wieder tauchen dieselben Distanzen, dieselben Winkel, dieselben pythagoreischen Dreiecke auf. Und das Jahrtausende vor Pythagoras!

Weshalb erscheinen Felsmalereien mit ein und demselben Motiv rund um den Globus? Pflegten die Menschen in prähistorischer Zeit interkontinentalen Kontakt untereinander? Sind es Grüße an jene Lehrmeister, die vor Jahrtausenden um die Erde flogen? Die Wissenschaft hat dafür keine Erklärung. Die Beweise Erich von Dänikens sind dafür umso überzeugender.

gebunden • 240 Seiten
zahlreiche farbige Abbildungen
ISBN 978-3-942016-40-7 • 19.95 €

Antworten auf die Fragezeichen der Geschichte!

■ Erich von Däniken präsentiert neue schlüssige Beweise für das Eingreifen fremder Lebensformen in die Geschichte der Menschheit. Wissenschaftler und Forscher berichten über rätselhafte Funde, archäologische Sensationen und Entdeckungen in alten Texten und Mythen. Sie geben scharfsinnig alternative Antworten auf die Fragezeichen der Geschichte. Dabei wird immer deutlicher: Wir hatten einst Besuch aus dem Weltall.

- Paläo-SETI und kritische Wissenschaftler: doch die gleiche Stoßrichtung?
- Sternenkult und Sternenkarte: außerirdische Besucher bei den Skidi- und Ojibwayy-Indianern
- Unglaublich: Das Orion-Geheimnis der Hopi – Siedlungen der Pueblo-Indianer stellen ein Sternbild dar
- Auf den Spuren des kosmischen Erbes der Maya: Wo liegen die Ursprünge des Dresdner Codex?
- Sensationsfund in El Mirador: Heldenzwillinge oder Götterastronauten?
- Die Theotechnologie Ezechiels: erstaunliche flugtechnische Rekonstruktionen im 18. und 19. Jahrhundert des vom biblischen Propheten wahrgenommenen Götter-Flugschiffes
- Der Stein der Weisen: die Manna-Maschine und die Alchimisten
- Atomexplosion in grauer Vorzeit: uralte Mythen und moderne Analysedaten
- Waren die alten Ägypter in Australien? Ein Besuch bei den Hieroglyphenfelsen in Down Under
- Bestätigung für uraltes Geheimwissen der Dogon? Neue Techniken für das alte Rätsel Sirius C
- Geheimnis des Ostens: »Objekt M« – das UFO aus der Eiszeit
- Die »Luftschiffer« des Mittelalters: Bischof Agobard und das Wunder von Cloera
- Historische UFO-Beobachtung in Chile: der Konquistador Pedro de Gamboa und ein unbekanntes Flugobjekt
- Eines der größten Phänomene des 20. Jahrhunderts: das Tunguska-Mysterium und die drei Schlüssel zu seiner Enträtselung
- Raumfahrt und die Zukunft der Menschheit: sechs Thesen zum Überleben von »Raumschiff Erde«

gebunden • 410 S. • zahlreiche Abbildungen
ISBN 978-3-942016-60-5 • 19.95 €

Die Götter kehren zurück!

■ **»Der Jüngste Tag der Erkenntnis steht bevor!«, prophezeit Erich von Däniken (EvD) und beruft sich dabei auf eine uralte, in Stein gehauene Prophezeiung der Maya: Ihr zufolge steigt am 23. Dezember 2012 der Gott »Bolon Yokte« zu uns hernieder. »Was kommt da auf uns zu?«, fragt sich der Altmeister und kehrt in diesem Sachbuch zu seinen Wurzeln zurück.**

Auf den Spuren der Götter führt uns EvD in die bolivianischen Anden – zu einer 4.000 Meter hoch gelegenen Ruinenstätte, die nie und nimmer von Steinzeitmenschen errichtet werden konnte. Er zitiert die Worte der Inka, die behaupten, der rätselhafte Ort sei »in einer einzigen Nacht von den Göttern erbaut worden«, und er untersucht die Studien von Archäologen, die vor 100 Jahren im Hochland Boliviens arbeiteten und dabei einen Kalender entdeckten, der 15.000 Jahre in die Vergangenheit zurückreicht.

Weiter geht es ins ägyptische Seraphäum unter Sakkara, wo tief unter der Erde einst monsterähnliche Kreaturen und Mischwesen beerdigt wurden – in Gefängnissen für die Ewigkeit.

Mit geübter Hand recherchiert der Bestsellerautor in den mythologisch verschleierten Erinnerungen der Menschheitsgeschichte, um den absoluten Wahrheitsanspruch der Religionen und der Wissenschaft zu entlarven. Denn die Zeit drängt: Im Dezember des Jahres 2012 endet der Kalender der Maya. Dann sollen neben »Bolon Yokte« auch noch andere Götter von ihrer langen Reise wieder zur Erde zurückkehren.

Oder wie Däniken aus dem uralten *Buch der Jaguarpriester* zitiert: »Sie stiegen von der Straße der Sterne hernieder [...] Und wenn sie erneut herniedersteigen werden, die dreizehn Götter und die neun Götter, werden sie neu ordnen, was sie einst schufen.«

Für den Bestsellerautor ist klar: »Der Götterschock ist nur noch eine Frage der Zeit. Die Außerirdischen werden wiederkommen und ihre Präsenz wird unsere selbstgefällige Seele erschüttern!«

gebunden • 224 Seiten
durchgehend farbig illustriert
ISBN 978-3-942016-04-9 • 19.95 €